「主体的・対話的で深い学び」を実現する！

数学科 「問題解決の授業」ガイドブック

相馬一彦 編著

明治図書

はじめに

　これからの教育では「主体的・対話的で深い学び」を実現することが求められ，アクティブ・ラーニングを取り入れた授業実践が行われています。

　「主体的・対話的で深い学び」は，数学の確かな学力を育てるためにも大切なことです。数学の学力は，教師の説明を一方的に聞くだけの学習や，暗記や練習を繰り返すだけでは身に付きません。既習内容をもとに，それらの関係を自分の頭で考えたり，互いに考え合うことを通してこそ身に付きます。
　したがって，数学の授業ではこれまでも「主体的な学び」「対話的な学び」が大切にされ，「主体的に考え合う学習」が行われてきました。それを実現している授業が，日本のすぐれた授業として国際的にも高く評価されている「問題解決の授業」です。

　本書は，若い先生やこれから「問題解決の授業」を実践していく先生方が，「問題解決の授業」を日常的に行っていくための入門書です。

　本書は，3章構成になっています。

　第1章では，算数・数学科におけるアクティブ・ラーニングと「問題解決の授業」のそれぞれについて確認し，関連を検討しました。
　第2章では，数学科での「問題解決の授業」づくりについて，手順やポイントになることを具体的にまとめました。
　第3章では，25の授業例を各4ページにまとめて紹介しました。授業例は，次の5項目で構成されています。

> 1．授業づくりのポイント
> 2．授業計画
> 3．「本時の目標」と「問題」
> 4．授業の流れ
> 5．この授業でのアクティブ・ラーニング

それぞれの授業例では，アクティブ・ラーニングがどこで行われたのかがわかるように，「4．授業の流れ」の端に矢印を書き入れました。また，どのようなアクティブ・ラーニングなのか，「5．この授業でのアクティブ・ラーニング」で説明しました。

「問題解決の授業」を日常的に行って「主体的・対話的で深い学び」を実現していく上で，これらの授業例を参考にしていただければ幸いです。

なお，授業例の中で，文献を参考にして行った授業は次の通りです。

> ◎『「問題解決の授業」に生きる「問題」集』（明治図書，2000）
> ……【授業例②】
> ◎『新「問題解決の授業」に生きる「問題」集』（明治図書，2009）
> ……【授業例⑦】【授業例⑬】【授業例⑭】【授業例⑰】【授業例⑲】【授業例㉕】
> ◎『略案で創る中学校新数学科の授業 第1巻「数と式」』（明治図書，2011）
> ……【授業例⑫】
> ◎『中学校数学科 統計指導を極める』（明治図書，2013）
> ……【授業例⑨】

最後になりましたが，アクティブ・ラーニングと「問題解決の授業」をつなぐ単行本をまとめる機会をいただき，出版にあたって大変お世話になりました明治図書編集部の木山麻衣子さん，奥野仁美さんに厚くお礼申し上げます。

平成29年3月

編著者　相馬一彦

目　次

はじめに・2

第1章
アクティブ・ラーニングと「問題解決の授業」　　6

算数・数学科でアクティブ・ラーニングをどうとらえたらよいか？・6
「問題解決の授業」とはどのような授業か？・9
アクティブ・ラーニングと「問題解決の授業」の関係は？・12

第2章
数学科での「問題解決の授業」づくり　　16

「問題解決の授業」づくりの手順は？・16
「問題解決の授業」を日常化するためには？・23

第3章
数学科の「問題解決の授業」25の授業例　　36

① 第1学年　正の数，負の数「分配法則を用いた計算」・36
② 第1学年　文字と式「文字を使った式」・40

③ 第1学年　文字と式「積の表し方」・44
④ 第1学年　1次方程式「小数係数の方程式の解き方」・48
⑤ 第1学年　比例・反比例「量の変化」・52
⑥ 第1学年　比例・反比例「反比例の利用」・56
⑦ 第1学年　空間の図形「いろいろな立体」・60
⑧ 第1学年　資料の整理と活用「近似値」・64
⑨ 第1学年　資料の整理と活用「資料の傾向を調べる」・68
⑩ 第2学年　式と計算「多項式の計算」・72
⑪ 第2学年　式と計算「文字式の利用」・76
⑫ 第2学年　連立方程式「2元1次方程式とその解の意味」・80
⑬ 第2学年　1次関数「グラフの特徴」・84
⑭ 第2学年　平行と合同「多角形の外角の和」・88
⑮ 第2学年　三角形と四角形「平行線と面積」・92
⑯ 第2学年　確率「確率の意味」・96
⑰ 第3学年　多項式「式の展開」・100
⑱ 第3学年　平方根「平方根の乗法」・104
⑲ 第3学年　2次方程式「2次方程式の解き方」・108
⑳ 第3学年　2次方程式「2次方程式の利用」・112
㉑ 第3学年　関数「変化の割合の意味」・116
㉒ 第3学年　相似な図形「相似の意味」・120
㉓ 第3学年　円「円周角と弧」・124
㉔ 第3学年　三平方の定理「三平方の定理の逆」・128
㉕ 第3学年　三平方の定理「三平方の定理の利用」・132

第1章　アクティブ・ラーニングと「問題解決の授業」

　次期学習指導要領の先取りのような形で，アクティブ・ラーニングを取り入れた授業実践が行われています。一方，アクティブ・ラーニングで強調されていることは，算数・数学科においては目新しいものではなく，これまで私たちが大切にしてきたことと重なることが多いように思われます。
　ここでは，アクティブ・ラーニングと「問題解決の授業」に焦点を当てて，それぞれについて確認し，関連を検討します。

算数・数学科でアクティブ・ラーニングをどうとらえたらよいか？

(1)　「主体的・対話的で深い学び」を実現する
　文部科学省『用語集』では，アクティブ・ラーニングを次のように定義しています。

> 教員による一方向的な講義形式の教育とは異なり，学修者の能動的な学修への参加を取り入れた教授・学習法の総称。

　また，中央教育審議会教育課程部会『審議のまとめ（案）』（平成28年8月26日）では，

> 「主体的・対話的で深い学び」，すなわち「アクティブ・ラーニング」の視点からの学びをいかに実現するかである。子供たちが，学習内容を人生や社会の在り方と結びつけて深く理解し，これからの時代に求められる資質・能力を身に付け，生涯にわたって能動的に学び続けたりすることができるようにするためには，子供たちが「どのように学ぶか」という学びの質が重要になる。

と述べられ，アクティブ・ラーニングは，「主体的・対話的で深い学び」を実現するための授業改善の視点として位置付けられています。
　「主体的・対話的で深い学び」を実現することは，算数・数学科の目標を達成するためにも必要不可欠です。
　算数・数学の力は，教師の説明を一方的に聞くだけの学習や，暗記や練習を繰り返すだけでは身に付きません。公式，数や図形の性質などの既習内容をもとに，それらの関係を自分の頭で考えることが大切です。

したがって，算数・数学科ではこれまでも「主体的な学び」「対話的な学び」が大切にされ，「主体的に考え合う学習」（算数・数学科でのアクティブ・ラーニング）が実践されてきました。

アクティブ・ラーニングを「新しい」ことや「特別な」ことと考えず，これまで日本の算数・数学教育で築き上げてきた，そして国際的に高く評価されている算数・数学の授業を一層充実することが「主体的・対話的で深い学び」につながります。

(2) 算数的活動・数学的活動を通して実現する

算数・数学科におけるアクティブ・ラーニングは，算数的活動・数学的活動と強く関わっています。

平成10年に改訂された学習指導要領で算数的活動・数学的活動が新たに示されてから20年近くになります。そして，日本の算数・数学の授業では算数的活動・数学的活動を通した授業が日常的に行われています。

算数的活動・数学的活動については，『小学校学習指導要領解説算数編』『中学校学習指導要領解説数学編』（文部科学省　平成20年）の中で次のように説明されています。

> 児童・生徒が目的意識をもって主体的に取り組む算数・数学にかかわりのある様々な活動（営み）

ポイントは，「目的意識」と「主体的」です。そして，「教師の説明を一方的に聞くだけの学習や，単なる計算練習を行うだけの学習は，算数的活動・数学的活動には含まれない」とも述べられています。

このように，算数・数学科でのアクティブ・ラーニングは，これまで私たちが算数・数学の授業で大切にしてきた算数的活動・数学的活動を通して，すでに行われているととらえることができます。算数的活動・数学的活動を一層充実することが「主体的・対話的で深い学び」の実現につながるのです。

(3) 形式的に対話型を取り入れることではない

アクティブ・ラーニングの視点に関して『審議のまとめ（案）』では，「これは，形式的に対話型を取り入れた授業や特定の指導の型を目指した技術の

改善にとどまるものではなく，子供たちそれぞれの興味や関心を基に，一人一人の個性に応じた多様で質の高い学びを引き出すことを意図するもの」とされています。大事な指摘だと思います。

　また，次のような記述もあります。

　　「主体的・対話的で深い学び」の実現とは，特定の指導方法のことでも，学校教育における教員の意図性を否定することでもない。人間の生涯にわたって続く「学び」という営みの本質を捉えながら，教員が教えることにしっかりと関わり，子供たちに求められる資質・能力を育むために必要な学びの在り方を絶え間なく考え，授業の工夫・改善を重ねていくことである。

　指摘されているように，形式的に対話型を取り入れることのないように留意する必要があります。例えば，毎時間必ずグループで考える時間をつくるとか，ペア学習を必ず取り入れるという必要はありません。グループにしたことによって時間が足りなくなって，その授業の目標が達成されなかったということもあるからです。

　算数・数学科におけるアクティブ・ラーニングとしては，例えば次のようなことを大切にしたいものです。

- 予想したことを確かめる
- 簡潔・明瞭・的確に自分の考えを表現する
- いろいろな考えを比較し，共通点や違いを話し合う
- 理由を互いに説明し，伝え合う
- 問題を解決して得られた結果を意味付けたり，活用したりする
- 様々な場面において数学が役立つことを実感する

　授業で大事にしたいことは，「主体的・対話的で深い学び」を通してその授業の目標がしっかり達成されることです。算数・数学科では，一斉授業の中で，クラス全員で考え合いながら「わかった！」「できた！」となる場面がたくさんあります。それを基本にしたいものです。

「問題解決の授業」とはどのような授業か？

(1) 「問題解決の授業」を学習指導法としてとらえる

「問題解決」といっても，いろいろなとらえ方がされてきました。私は，日本での「問題解決」のとらえ方とその変遷を次の3つにまとめています。

・昭和20年代～　生活単元学習としての問題解決
・昭和30年代～　文章題解決学習としての問題解決
・昭和50年代～　学習指導法としての問題解決

戦後行われた生活単元学習では，その指導過程を総称して「問題解決学習」が用いられました。「社会生活課題を取り上げて問題とし，これを探究的な過程をとって解決思考するいきかた」と言われるものです。ここでの問題は，生活の中の問題であり，それを解決するために必要とされる算数・数学の学習が行われました。

昭和30年代，生活単元学習からの転換が求められる中で，「単元学習の弱点を補い，しかもその精神によって貫かれた学習指導を可能にするようにしたい」として，算数・数学での「問題解決」は文章題解決学習としても位置付けられました。ここでの問題は，文章題でした。

現在日本の算数・数学教育で大事にされている「問題解決」は，生活の中の問題や文章題の解決に限られるものではありません。算数・数学教育の目的を達成するために，問題の解決過程や児童・生徒が主体的に考えることを重視する「学習指導法としての問題解決」です。

なお，「問題解決の授業」と類似する用語として，

「問題解決学習」「問題解決型の授業」「問題解決的な学習」

なども用いられてきました。これらのとらえ方や関連については，拙著『数学科「問題解決の授業」』（明治図書，1997）にまとめましたが，次のようなことから私は「問題解決の授業」を使っています。

・「問題解決学習」は，戦後の生活単元学習がほうふつされることから用いていません。

・学習の主体は児童・生徒です。授業は教師の意図的・計画的な営みです。教師にとっての学習指導法ですので「授業」としています。
・授業の基本的な型はあってもそれだけに限定しないで，柔軟性や自由度をもたせる必要があることから「型」を含めません。

(2) （結果だけではなく）問題の解決過程を重視する

「問題解決の授業」では，授業のはじめに「問題」を提示し，そこから「課題（本時の目標に対応する事柄：めあて）」を明確にして，個人や集団で解決に向かって考え合います。

> 問題……考えるきっかけを与える問い
>   （教師が与えるもの）
>   ＊児童・生徒……「今日はどんな問題だろうか」
>   ↓
> 課題……問題の解決過程で生じた疑問や明らかにすべき事柄
>   （児童・生徒がもつもの）
>   ＊児童・生徒……「考えてみよう」「やってみよう」

はじめに提示する「問題」は，単なる例題や練習問題ではありません。児童・生徒にとっての課題を引き出すためのきっかけになる問題です。

問題や課題を解決する過程で，児童・生徒は新たな知識や技能，数学的な見方や考え方などを身に付けていきます。そして，その授業での目標が達成されるとともに，算数・数学の授業を通して求められる資質・能力を身に付けていきます。

1時間の授業の多くは，次のような流れで進められます。

なお，Ⅱの「予想」とは，「問題の結果や考え方について見当をつけること」です。必ず予想させなければならないということはありませんが，予想を取り入れることには大きな意義があります。

```
Ⅰ  問題を理解する
Ⅱ  予想する
```

> Ⅲ　課題をつかむ
> Ⅳ　課題を解決する
> Ⅴ　問題を解決する
> Ⅵ　練習をする

　このように，「問題解決の授業」は，結果だけではなく「問題の解決過程を重視する授業」です。教師が一方的に教え込むのではなく，問題や課題に対して児童・生徒が主体的に取り組むことを大切にする授業です。また，問題をきっかけにして「考えさせながら教える授業」であるとも言えます。

(3) 「問題解決の授業」への誤解をなくす

　「問題解決の授業」では児童・生徒が考えることを大切にしますが，子どもたちに考えさせるだけの授業ではありません。また，教師が教えない授業でもありません。問題をきっかけにして児童・生徒が「なぜ？」「どうして？」と主体的に考え，教師の指導のもと，みんなで考え合いながら「わかった！」「できた！」につながっていく授業です。

　しかし，「問題解決の授業」への誤解を聞くこともありました。例えば，『「問題解決の授業」に生きる「問題」集』（明治図書，2000）の中に書いたように，次のような授業です。

> ア．時々行うだけの「特別な授業」ではない
> イ．「型に当てはめる授業」ではない
> ウ．「特別な問題」である必要はない
> エ．教科書を使わない授業ではない
> オ．教師が説明しない授業ではない
> カ．練習や定着を軽視する授業ではない

　「問題解決の授業」で，教師の役割は重要です。例えば，説明が必要なところでは教師がしっかり説明して理解させ，教科書も活用しながら定着を図ることが大切です。また，特に「～ができる」という目標の場合には，しっかり練習させて定着を図ることは当然必要な指導です。

　また，児童・生徒が主体的に学ぶことを大事にしますが，それは教師が指

導しないことではありません。児童・生徒が主体的に学んでいる授業には，そのための教師の「しかけ」があります。意図的な「発問」があります。

「問題解決の授業」の誤解に関連して，2つのことを加えたいと思います。

1つは，問題や課題について個人で考える時間は大事ですが，それに多くの時間をとりすぎて，学習指導案の途中までの授業になったり，その授業の目標が達成されない授業にしないということです。そのためには，個人で考える時間を自力解決（その時間ですべての児童・生徒が何らかの解決ができる）としてとらえるのではなく，個人思考や個人追求（途中までや間違いでも，自分なりに考える）の時間として位置付けるとよいでしょう。「問題解決の授業」で最も大事にしたいことは，問題や課題についてみんなで考え合いながら解決していく集団解決の時間です。

もう1つは，学習指導案において，「教師の出番」をしっかり検討しておくことです。学習指導案に「児童・生徒の活動」「学習内容」だけを書くのではなく，「教師の指導」「指導上の留意点」を充実させて，そこに「問題提示の仕方」や「主な発問」，「児童・生徒の考えの取り上げ方」などについて事前に検討したことを書くようにします。そのことが，児童・生徒の「主体的・対話的で深い学び」を引き出します。

アクティブ・ラーニングと「問題解決の授業」の関係は？

(1) 「問題解決の授業」を通してアクティブ・ラーニングを実現する

アクティブ・ラーニングと「問題解決の授業」の関連を考えるときに参考になることがあります。

溝上慎一氏は『アクティブラーニングと教授学習パラダイムの転換』（東信堂，2014）の中で，「アクティブ・ラーニング」と「アクティブ・ラーニング型授業」とを概念的に分別することを提案しています。アクティブ・ラーニングは学習の一形態を表す概念であって，教授学習の概念ではないとして，例えば「（大学の）90分の授業のなかで，45分講義をおこない，残りの45分アクティブ・ラーニングを採り入れた授業をおこなう」などのように使

用されるべきものであると述べています。

このように考えるとアクティブ・ラーニングと「問題解決の授業」の関係がすっきりします。アクティブ・ラーニングは児童・生徒の学習の一形態を表す概念であり，「問題解決の授業」はアクティブ・ラーニングを実現するための学習指導法と位置付けることができます。

これまで述べたように，算数・数学科におけるアクティブ・ラーニングは算数的活動・数学的活動を通して行われます。関連をまとめると，次のようになります。

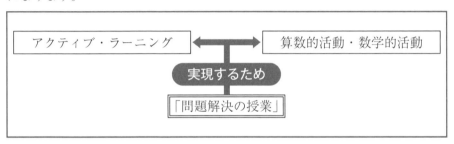

すべてに共通するポイントは，「主体的」と「対話的」（「○○合う」）ということです。

教師の一方的な説明を聞くだけではなく，目的意識をもって主体的に学んでこそ「深い学び」が実現されます。それによって，短期的な定着ではなく，長期的な定着を図ることができます。

また，一人で考えるだけではなく，他の人たちと考え合うことも「深い学び」につながります。「○○合う」ことを大切にしたいものです。算数・数学の授業の中では，例えば次のような「○○合う」場面があります。

　　　考え合う　　話し合う　　学び合う　　教え合う　　伝え合う

算数・数学は，このような「○○合う」ことを取り入れやすい教科です。しかし，教師が「主体的に考えなさい」「○○合いなさい」と指示するだけでは，児童・生徒は活動しません。

では，「主体的」と「対話的」（「○○合う」）のためにはどのような授業を行ったらよいのでしょうか。それが「問題解決の授業」です。

(2) 「主体的な学び」のために予想を,「対話的な学び」のために比較を取り入れる

　「問題解決の授業」では,予想したり比較したりする場面が多く見られます。この予想や比較は,「主体的な学び」や「対話的な学び」のための原動力になります。

　① 予想を取り入れる

　算数・数学の授業での予想は,「問題の結果や考え方について見当をつけること」です。論理的に考えて見当をつけることもありますが,直観的に,またはあてずっぽうで見当をつけることも多くあります。

【例】小学校第5学年「単位量あたりの大きさ」

> 問題　どちらのジュースが安いといえるでしょうか。
> 　　　A. 200mLで100円　　B. 250mLで150円

　この問題について予想させると,「A」「B」「同じ」に予想が分かれます。仮説を立てたり,見通しをもつことはできない児童・生徒でも,予想することはできます。予想が学習意欲を高め,考え方の追究を促すことにつながって「主体的な学び」を実現します。

〈学習意欲を高める〉

　児童・生徒は,自分なりに予想することによって,その予想が正しいかどうかを明らかにしたいという気持ちになります。これが学習意欲につながります。また,【例】のように「異なる予想」が出た場合には「どれが正しいのだろうか？」という気持ちが生じて,学習意欲は一層高まります。

> 予想　→　「どれが正しいのだろうか？」　→　「考えてみよう」

　予想がきっかけになって,予想したことを主体的に確かめたり,目的意識をもって考えるという「主体的な学び」が始まります。

〈考え方の追究を促す〉

　予想することによって,「本当？」「なぜ？」という気持ちが生じて,根拠や理由を考えてみようということになります。考え方の追究が促されます。

> 予想　→　「本当？」「なぜ？」　→　「理由を考えてみよう」

教師から「理由を考えなさい」と言われて考えるのではなく，知的好奇心から論理的に考える学習が始まります。

② 比較を取り入れる

①の【例】で，少し時間をとって考えさせると，次のア〜エのような考えが出されます。

　　ア　かさを1000mL（１L）にそろえたときの値段を求める
　　イ　値段を300円にそろえたときのかさを求める
　　ウ　かさを１mLにそろえたときの値段を求める
　　エ　値段を１円にそろえたときのかさを求める

このように，算数・数学では多様な考え方が出されることが多くあります。算数・数学において数値や式，図などを用いて説明される考え方は，根拠や過程が明確にわかり，共通点や違いもよくわかります。

それぞれの考え方を比較することによって，「どれが正しい？」「どれが簡単？」「どれがわかりやすい？」ということになり，「対話的な学び」が始まります。仮に比較することがなく，正しい考え方が１つだけならば，そこで「○○合う」必要は生じません。考え方を理解したり，覚えようという学習が中心になりがちです。

【例】では，自分の考えをみんなに説明し，質問や意見を出し合ってクラス全員で話し合うことを通して考えの共通点に気付き，「異種の２量を比較するには，どちらかの数をそろえて比べるとよい」ことを確認することができます。なお，「○○合う」学習として，隣の人に説明することや，近くの人やグループで話し合うことなどを取り入れることもあります。

算数・数学の授業に予想と比較を取り入れることは，「主体的・対話的で深い学び」を実現するための，具体的かつ効果的な指導法になると思われます。

（相馬）

第2章 数学科での「問題解決の授業」づくり

　第1章では,「問題解決の授業」を通してアクティブ・ラーニングを実現することを確認しました。また,「主体的な学び」のために予想を,「対話的な学び」のために比較を取り入れることを強調しました。
　では,どのようにしたら数学科での「問題解決の授業」をつくることができるのでしょうか。授業づくりの手順と,「問題解決の授業」を日常化するためのポイントをまとめます。

「問題解決の授業」づくりの手順は？

⑴　「単元の指導計画」を作成する
　1時間ごとの授業をつくる前に,「単元の指導計画」を作成しているでしょうか？　数学の授業では,既習内容を踏まえた上で系統的に指導することが大切です。新しい単元の指導にあたっては,その単元に関わる既習内容や以後の学習へのつながり,発展について十分に教材研究を行い,「単元の指導計画」を作成する必要があります。
　『中学校学習指導要領解説数学編』や『教科書』,『(教科書の) 教師用指導書』,「これまでの単元の指導計画」(過去に自分が作成したものや,地域で作成しているもの) などを参考にしながら,次のような事柄について検討して「単元の指導計画」を作成します。
　　・指導の前後の系統
　　・単元の目標
　　・指導内容と指導時間　　など
　「単元の指導計画」を作成しておくことによって,毎時間の授業づくりを見通しをもちながら効率的に行うことができます。また,授業での生徒の反応にも,見通しをもって柔軟に対応することができます。
⑵　「3つの要件」について検討する
　「単元の指導計画」を踏まえた上で,どのような手順で毎時間の「問題解決の授業」をつくったらよいのでしょうか。ポイントになるのは,「よい授業」を行うための「3つの要件」について検討することです。

「3つの要件」とは，『理論×実践で追究する！ 数学の「よい授業」』（明治図書，2016）にまとめた，次の①，②，③です。

［要件①］本時の目標を明確にする
［要件②］問題と問題提示の仕方を工夫する
［要件③］考えの取り上げ方を工夫する

　「問題解決の授業」づくりにおいて，それぞれの要件をどのように検討するのか，具体的に述べていきます。
　なお，本章の以下の内容の多くは，私（相馬）がこれまでにまとめた次の著書や冊子に加筆・修正したものです。
　・『数学科「問題解決の授業」』（明治図書，1997）
　・『「考えることが楽しい」算数・数学の授業づくり』（大日本図書，2013）
　・『理論×実践で追究する！ 数学の「よい授業」』（明治図書，2016）

①　本時の目標を明確にする

　授業を参観すると，「この授業では結局何を目標にしていたのかわからない」ということもあります。本時の目標が明確ではなかった授業です。また，目標が多すぎて，50分では達成できなかったという授業もあります。
　1時間の授業の中で，4つの観点別評価すべてに対応する目標を設定する必要はありません。次の2点を基本にして本時の目標を設定します。

　　目標を1〜2に絞る
　　目標を簡潔かつ具体的に示す

　目標をどのように設定するかによって授業は大きく変わります。そして，本時の目標は，授業における次のような事柄と一体になります。

> 本時の目標　⟷　課題（めあて）　⟷　まとめ　⟷　練習問題

　さらに，本時の目標と評価も一体です。本時の目標が達成されたかどうか

について，授業のどこでどのように評価するのか検討しておきます。

② 「よい問題」を工夫する

授業のはじめに提示する問題によって，「問題解決の授業」は大きく変わります。「よい問題」を工夫することが大切です。

なお，授業では問題をはじめに提示しますが，授業づくりの順番は異なります。「よい問題」を工夫する前に，本時の目標と課題を決めます。

　　本時の目標　→　課題（めあて）　→　問題

2年「文字式の利用」（第2時）の授業で具体的に考えてみましょう。

「文字式の利用」では，それまでに学んだ文字式とその計算を利用して，いろいろな数量や数の性質を調べます。前時で図形における数量の関係を文字式を利用して考察したことを踏まえて，本時の目標を次のように設定したとします。

　　本時の目標：文字式を利用して，数の性質を説明することができる。

この目標を達成するための課題は，「……になることを説明しよう」ということになります。この課題が，生徒にとって考える必要性が生じるような問題を工夫します。

ここで扱う数の性質としては，「奇数と奇数の和は偶数である」「2けたの自然数で，十の位の数と一の位の数を入れかえてできる自然数の差は9の倍数である」など，いろいろ考えられます。教科書で扱われている数の性質や生徒の実態などを踏まえて，「連続する3つの整数の和は3の倍数である」という性質を取り上げる場合を考えます。

はじめに次のような問題を与えても，生徒にとってこの証明を考える必要性はあまり感じられません。

―[問題A]――――――――――――――――――――――
　連続する3つの整数の和は3の倍数になることを説明しよう。
――――――――――――――――――――――――――

それに対して，次のような［問題B］を与えると，「和は3の倍数になりそうだ」という予想が生徒から出され，［問題A］が生徒自身の課題となります。

──［問題B］──────────────────────────
連続する3つの整数の和には，　　　　　$1+2+3=?$
どのようなことがいえるだろうか。　　$2+3+4=?$
　　　　　　　　　　　　　　　　　　$3+4+5=?$ ……
──────────────────────────────

このように，授業のはじめに与える問題は，複雑ではなくシンプルに，
　　問題を決定問題の形で与える
ことを基本にしたいものです。決定問題としては，例えば次のようなタイプの問題が考えられます。上の［問題B］は，発見タイプの問題です。

┌─────────────────────────────┐
│　・「〜はいくつか」など（求答タイプ）　　　　　　　　　　　│
│　・「〜はどれか」など（選択タイプ）　　　　　　　　　　　　│
│　・「〜は正しいか」など（正誤タイプ）　　　　　　　　　　　│
│　・「〜はどんなことがいえるか」など（発見タイプ）　　　　　│
└─────────────────────────────┘

決定問題は，特別な問題ではありません。教科書や問題集によくある問題を上のようなタイプの問題にして提示します。

問題の工夫としては，「できるだけ単純な問題であること」が望ましいと考えます。単純な問題とは，問題文や問題場面をできるだけ簡潔でわかりやすい形にするというものです。単純な問題にすると，問題の理解が容易になり，以後の授業展開にもゆとりが生まれます。

なお，興味・関心を引き出すために，日常の事象やゲーム的な要素を取り入れた問題を与えることもありますが，日常やゲームの面白さに興味・関心が向いて，そこから数学の課題につなげることが難しい授業を参観することもあります。

また，場面設定が複雑で，問題を理解したり，問題を読むことに時間を費

やしてしまう授業もあります。「考えることの楽しさ」や「数学の面白さ」の世界に，生徒を早く導いてやりたいものです。

③ 考えの取り上げ方を工夫する

Ⅰ．指名計画を立てる

「問題解決の授業」で，どの考えをどの順番に取り上げるかということは，極めて重要です。そのためには，学習指導案を作成する段階で「指名計画」（どの考えをどの順番に取り上げるかという計画）を立てるようにしたいものです。

3年「平方根の大小」の授業で具体的に考えてみます。次のような問題を提示すると，生徒は既習内容を利用していろいろな考えをします。

---[問題]---
$\sqrt{15}$と4は，どちらが大きいだろうか。

〈生徒の考え〉

A　近似値で考え，$\sqrt{15}=3.873$であることから判断する
B　両辺を2乗し，$(\sqrt{15})^2=15$，$4^2=16$であることから判断する
C　根号のついた形にそろえて，$4=\sqrt{16}$であることから判断する
D　正方形の面積と1辺の関係から判断する（面積15cm^{2}の1辺の長さは$\sqrt{15}$cm，面積16cm^{2}の1辺の長さは4cm）

この4つの考えがあるとき，どの考えをどの順番に取り上げたらよいでしょうか。その観点としては，次のようなことが考えられます。

・考えている生徒の人数（多い方または少ない方から）

・難易度（簡単な方または難しい方から）

・正誤（正しい方または間違っている方から）

どの観点からどのような指名計画を立てるのかということの基準になるのは，「本時の目標」です。「本時の目標」を達成するためには，どの考えをどの順番に取り上げるのが生徒にとって自然なのか，わかりやすいのか，また，教師にとって教えやすいのか，ということを総合的に検討して指名計画を立

てます。

Ⅱ．4つのパターンから選択する

考えの取り上げ方には，大きく次の2つの場合が考えられます。

A．多様な見方や考え方を1つずつ順に取り上げる。
B．多様な見方や考え方の複数を一度に取り上げる。

AとBのそれぞれについて，さらに次のaとbの2つの場合があります。

---
a．机間指導をもとにして指名する。
b．挙手をさせて指名する。

このaとbには，次のような違いがあります。

a……生徒の考えを把握した上で，意図的に
b……生徒の考えを把握しないまま，意図的ではなく

上のA，Bとa，bを組み合わせると，多様な見方や考え方の取り上げ方として次の4つのパターンが考えられます。

Aa．机間指導をもとにして指名し，多様な見方や考え方を1つずつ順に取り上げる。
Ab．挙手をさせて指名し，多様な見方や考え方を1つずつ順に取り上げる。
Ba．机間指導をもとにして指名し，多様な見方や考え方の複数を一度に取り上げる。
Bb．挙手をさせて指名し，多様な見方や考え方の複数を一度に取り上げる。

多様な見方や考え方の取り上げ方を4つのパターンにまとめましたが，取り上げ方はこの4つのパターンに限定されるものではありません。

　例えばAaとAbの組み合せもあります。私はこの方法をよく用いました。つまり，最初の生徒は指名し，そのあとは挙手をさせて1つずつ順に取り上げるという取り上げ方です。最初に発表した生徒の考え方をもとにして，他の見方や考え方も出されます。そして，「もっと簡単な方法がある！」「違うところを見つけた！」など，主体的，対話的な授業になることが多くあります。

Ⅲ. 取り上げるタイミングを考える

　上で述べた取り上げ方のパターンを選択する際，どのタイミングで取り上げるのかを考えることも大切です。

　「すべての生徒ができてから」「正しい考えがまとまるまで」と考え，生徒に考えさせる時間を多くとりすぎることで，「考えてもわからない」「発表では正しい考えを聞くだけ」ということになってしまうこともあります。

　「問題解決の授業」では，次の2点も大切にします。そして，考えを取り上げるタイミングを考えて，多様な考えを意図的に取り上げます。

◎考えている途中でも　　◎考え方だけを紹介することも

　では，いつどのようにタイミングを考えたらよいのでしょうか。そこでポイントになるのが机間指導です。

　机間指導の目的はいろいろありますが，机間指導の多くの時間を個別指導に費やしている授業を参観することがあります。個別指導も大事ですが，「机間指導をしながらすべての生徒ができるようにする」だけの時間ではありません。仮にすべての生徒が問題や課題を解決してしまったら，そのあとは発表会のような，確認するだけの授業になってしまいます。

　生徒の考えを把握して，教師が「どの考えをどの順番に，どのタイミングで取り上げるのか」という計画を立てる時間にすることも机間指導の大きな

目的です。先に紹介した「指名計画」です。

「問題解決の授業」を日常的に行っている先生は，何も意図しないで指名しているように見えても，実は「指名計画」をきちんと立てて意図的・計画的に指名していることがわかります。日本で「よい授業」をしている多くの先生に，このことが共通しているように思われます。

机間指導の中で生徒の考えを把握しながら，どの考えをどの順番に，どのタイミングで取り上げるのかを決めるという「指名計画」を立てることを大事にしたいものです。

「問題解決の授業」を日常化するためには？

「単元の指導計画」を作成して，「3つの要件」についても検討してから授業を行ったが，「問題解決の授業」がうまくできなかったということもあります。「問題解決の授業」を日常的に行うためには，他にも大切なことがいろいろあります。

ここでは，日常化するためのポイントとして，(1)〜(5)の5点を取り上げ，具体例とともにまとめます。

(1) 問題提示の仕方も工夫する

① いろいろな提示の仕方を踏まえて

「よい問題」ができたとしても，問題提示の仕方がよくなかったばかりに「よい授業」にならなかったという授業を参観することもあります。

例えば3年「円周角の定理の利用」の授業で，次のような問題を提示するとします。

---[問題]---

右の図で，∠BCD は何度になるだろうか。

この問題の場合，例えば次のような提示の仕方が考えられます。

ア　問題文と図を板書する。
　　イ　問題文だけを板書し，図を黒板に貼る。
　　ウ　模造紙や小黒板にかいて提示する。
　　エ　プリントにして一人一人に配付する。
　　オ　実物投影機やコンピュータで提示する。
　　カ　教科書（同じような問題がある）を開かせて提示する。

　どの提示の仕方がよいでしょうか？　その時間の指導目標や，どのような活動をさせたいのかによっても異なりますが，「いつもすべて板書してノートに写させるだけ」「いつも模造紙にかいたものを貼るだけ」ということではなく，このようないろいろな提示の仕方が考えられることを踏まえて，効果的な提示の仕方を選択します。

　上の「円周角の定理の利用」の問題の場合，私ならば「イ」のように提示してから（問題はあとでプリントにして渡すのでノートに書かなくてもよいことを伝えて），「エ」のようにします。なお，いろいろな考え方で求められることから，プリントには同じ図を4つかいておきます。

　② 問題をプリントにして貼らせることも

　問題提示にあまり時間をかけず，自分なりに考える時間や，集団解決の中で「考え合う」時間をできるだけ多く確保することが大切です。

　そのためには，例えば次のようなことにならないようにしたいものです。
　・問題文が長い問題で，ノートに写すだけで時間がかかる。
　・図が複雑で，その図をかくのに時間がかかる。うまくかけない。

　せっかくの「よい問題」であっても，これでは問題をノートにかくだけで嫌になって，「考えてみよう」という意欲は出ません。

　日常の授業では，教師が問題を板書して，生徒に同時にノートにかかせるという提示方法が多いのですが，
　・問題文が長い。

・図が複雑であったり，図が多い。

という場合には，問題をプリントにして貼らせることも有効です。

例えば，2年「文字式の利用」で，次の問題を提示するとします。

―[問題]―――――――――――――――――――――
ペットボトル3本を布テープでまいた。このとき，次のA，Bどちらの
まき方が短くなるだろうか。

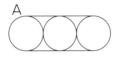　　

―――――――――――――――――――――――――

この問題で，問題文と図を書きながら問題の意味を説明して，すべてノートに写させるのでは時間がかかります。

この場合は，「問題をプリントにして配付し，ノートに貼らせる」という方法が有効です。教師は「今日は次の問題を考えましょう」と，模造紙または小黒板にかいておいた問題を提示し，「問題はあとで配るので，ノートにかく必要はありません」と補足します。

「どちらが短くなるか」すぐに予想させると，「A」「B」「同じ」という3つに分かれます。ここで問題のプリント（ノートにちょうど貼れる大きさ）を配ってノートに貼らせ，どの予想が正しいのか考えさせます。

このように問題をプリントにして配付することによって，問題提示に時間をかけず，その後の自分なりに考える時間や考え合う時間を確保することができます。

③　式や図を先に提示してから問題文を書くことも

「問題解決の授業」で，生徒が課題意識をもって考えようとするためには，問題をそのまま示すのではなく「式や図を先に提示してから問題文を書く」ことが有効な場合が多くあります。

例えば，2年「二等辺三角形の性質」での次のような問題です。

> [問題]
> 右の図のように，線分 AB をかき，中点Mをとる。また，AM = MC となるような点Cをとる。AとC，BとCを結んでできる△ABCはどんな三角形だろうか。

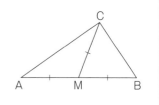

　この問題を提示するとき，問題文を先に書いてから図をかくとします。問題文を読む生徒には，「難しそうだ」「面倒だ」という気持ちが生じるように思われます。

　それに対して，先に図をかきながら（教師が黒板に図をかくのと一緒に，生徒はノートに図をかく）問題を説明し，「△ABCはどんな三角形？」という問題のポイントだけを板書します。これによって，問題を視覚的にとらえることができて予想しやすくなるとともに，「考えてみよう」という意欲が引き出されます。

　問題に問題文と式があるときも，同様のことが言えます。問題文を書いてから式を書くという問題提示が一般的かもしれません。しかし，提示の順番を逆にしてはじめに式を書くと，

　・疑問をもたずにそのままノートに書いている生徒
　・「あれ？」「おかしい！」という反応を示す生徒

がいます。そのタイミングで，「正しい？」という問題文の一部だけを板書します。

　このような問題提示を比べると，どちらも変わらないと思われるかもしれません。しかし，「問題解決の授業」のきっかけとしては，後者の方がよいと考えます。「正しい？」ということが生徒から自然に出され，「考えてみよう！」という意欲につながるからです。

(2) 「途中まで」や「間違い」も大事にする
　① 自力解決から「個人思考」へ
「問題解決の授業」では，次のような流れで問題や課題が解決されます。

問題　→　課題　→　(自力解決)　→　集団解決　→　問題の解決
　　　　　　　　　　個人思考

　生徒が自分なりに考える時間は自力解決と言われることが多くありましたが，これを「個人思考」としました。なぜ自力解決ではなく「個人思考」を使うのか，それは，自力解決という言葉からの誤解をなくしたいからです。その誤解とは，「この時間内に自力で解決させなければならない」と考えることです。生徒の多くが自力で解決できるまで時間をとって，個別に教えたりヒントを出したりします。そのような授業では，生徒は次のような気持ちになってしまうのではないでしょうか。
　・いくら考えても自力では解決できない。考えるのは嫌だ。
　・自分は解決できたから，もう考えなくてもいい。
　そして集団解決は，解決できた正しい考えを発表するだけの時間になりがちです。また，自力解決に時間をとりすぎて，学習指導案の最後まで授業が進まない（本時の目標が達成されない）こともあります。
　それに対して「個人思考」は，「まずは自分なりに考えてみる」時間です。解決できるまで考えさせるのではなく，途中まででもよしとします。多くの時間もとりません。

　　　　　　　　　どこまで？　　　　　時間は？
　自力解決　……　最後まで解決する　　　長い
　個人思考　……　途中まででもよい　　　短い

　はじめての問題や課題について考えるのですから，いくら時間をかけても最後まで解決できることは少なく，「途中まで」や「間違い」ということの方が自然だと思います。
　② 「途中まで」や「間違い」を集団解決に生かす
　「途中まで」や「間違い」を集団解決の中で取り上げながら，それを生か

してみんなで解決していくことによって,「わかった!」「できた!」という声が聞こえる授業になります。

3年「平方根のいろいろな計算」の授業で具体的に考えます。次のような選択タイプの問題を提示してどちらが大きいか予想させると,生徒は異なる予想をします。

---[問題]---
$\sqrt{2}+\sqrt{3}$ と $\sqrt{2}\times\sqrt{3}$ の計算結果は,どちらが大きいだろうか。

個人思考の時間をとると,それぞれを2乗して比べようとする生徒がいます。

※「途中まで」の生徒
$(\sqrt{2}\times\sqrt{3})^2 = (\sqrt{6})^2 = 6$,$(\sqrt{2}+\sqrt{3})^2$ も計算したいがわからない。

※「間違い」の生徒
$(\sqrt{2}+\sqrt{3})^2 = (\sqrt{2})^2 + (\sqrt{3})^2 = 2+3 = 5$
$(\sqrt{2}\times\sqrt{3})^2 = (\sqrt{6})^2 = 6$　よって,かけ算の方が大きい。

集団解決では,このような「途中まで」や「間違い」を取り上げることを通して,

「$(\sqrt{2}+\sqrt{3})^2$ は,どのように計算すればよいのだろうか」

ということが課題になります。この課題についてみんなで考え,既習の乗法公式を使って展開します。

$(\sqrt{2}+\sqrt{3})^2 = (\sqrt{2})^2 + 2\times\sqrt{2}\times\sqrt{3} + (\sqrt{3})^2 = 5+2\sqrt{6}$

になることを確認し,計算の結果は6よりも大きいことから,たし算の方が大きいことがわかります。

生徒たちは正しい計算の仕方について考え続け,「なるほど!」「わかった!」という納得の表情になります。「途中まで」や「間違い」が集団解決の中で生かされたことの効果だと思われます。

数学の授業ではこれまで,「最後まで」や「正しく」を強調しすぎてきたように思います。むしろ,「途中まで」や「間違い」を認めて,数学をみん

なでつくっていくことを大切にしたいものです。
(3) 板書内容も工夫する
① 結果だけではなく過程も残す

　数学の授業で、生徒は板書された内容を見ながら考えます。また、板書内容を自分のノートに写しながら考えます。板書には、次のア、イ、ウのような意義があるからです。

　　ア　目標や必要感をもつ

　問題や課題が明確に板書されたり、多様な見方や考え方が板書されることによって、生徒は「何を、何のために考えるのか」という目標や必要感をもつことができます。それが学習意欲にもつながります。

　板書内容は、学級集団として、同じ問題や課題をめぐって「みんなで○○を考えていこう」ということのよりどころになります。

　　イ　問題の解決過程を把握する

　問題の解決過程が板書として残ることにより、生徒は解き方や公式などの結果だけではなく、過程や考え方を確かに理解することができます。

　　ウ　思考する

　黒板には、比較的多くの内容を残すことができます。生徒は、板書されている他の生徒の考え方をヒントにしたり、複数の考え方を比較しながら思考します。板書内容（ノートも）によって思考が促されるのです。

　このようなことから、「問題解決の授業」では、板書内容の工夫も大きなウェイトを占めます。工夫のポイントは、例題の解き方や答えなどの結果だけを板書するのではなく、問題の解決過程も板書内容として残すことです。

② 主な発問や考え方のポイントも板書する

　「指導と評価の一体化」が強調されますが、「指導と板書の一体化」も大切にしたいものです。つまり、「問題の解決過程を重視する学習指導」を行うならば、板書も「問題の解決過程を重視した板書」にするということです。

　「問題解決の授業」の板書では、次のⅠ～Ⅲが大切です。

Ⅰ．主な発問を板書する

例えば次のような主な発問があります。

・「○○について考えよう」
・「△△は正しいだろうか」
・「□□と◇◇はどちらが大きいか」

このような主な発問を口頭で言うだけの先生と，それを板書する先生がいますが，「問題解決の授業」の多くは後者の先生の授業です。

少し時間はかかりますが，主な発問を板書することは，先に述べた，

　　ア　目標や必要感をもつ
　　イ　問題の解決過程を把握する

という意義につながります。また，授業の流れがわかり，授業の様子がよみがえってくるノートづくりにもつながります。

なお，私は主な発問だけではなく，生徒の声やつぶやきからの，例えば次のようなことも意図的に板書することがありました。

　　　　「なるほど！」「きれいだ！」「不思議！」「なぜ？」「本当？」

一見無駄なように思われますが，このようなことを板書することで「考えること」が促されます。

Ⅱ．考え方のポイントを板書する

考え方のポイントとは，例えば次のようなことです。

・「○○と○○の合同を示す」
・「公式△△を使う」
・「□□と◇◇を比べる」

このような考え方のポイントを板書することで，どのような考え方なのかが明確になり，それぞれの考えを比較しやすくなります。このことは，「対話的な学び」にもつながります。

なお，いつ，どのように考え方のポイントを板書するのかという，タイミングも大事です。

```
┌─────────────────────────────────────────────────────┐
│  生徒の説明  →  その考え方の確認  →  考え方のポイントの板書  │
└─────────────────────────────────────────────────────┘

という流れを基本にしたいものです。クラス全体で考え方を確認してから，改めてその考え方のポイントを板書するということです。

このような板書の積み重ねは，数学的な見方や考え方を養う上でも，また「なるほど！」「わかった！」という生徒の気持ちを引き出す上でも有効に働きます。

また，板書をする際には，「(その１)，(その２)，……」「(○○さんの考え)，(△△さんの考え)，……」などのように，説明した生徒の考えを板書として残すことも大事にしたいものです。

このような板書によって，次のような効果が期待できます。

　　ア　考え方の理解につながる。
　　イ　板書内容を見ながら思考することを促す。
　　ウ　説明した生徒の達成感につながる。

生徒からは，いつも正しい考えが出されるとは限りません。これまで述べてきたように，「途中まで」や「間違い」もあります。それらも板書として残し，補い合っていくこともあります。なお，「発想はよいが途中まで」などのときには，その考えに二重丸（◎）と△を同時につけ，その生徒の考えを認めた上で補っていくという配慮も大切です。

Ⅲ．板書させる内容を選択する

生徒に自分の考えを板書させるとき，その内容として，例えば次の３つの場合があります。

　　ア　説明や計算をすべて書かせる。
　　イ　ポイントになる式だけを書かせる。
　　ウ　図に補助線などをかき込ませるだけにする。

アのように説明や計算をすべて書かせると時間がかかります。また，すべて書かせたとしても，板書内容を見るだけで理解できる生徒は少なく，補足
```

説明が必要です。それに対してイやウには，次のようなメリットがあります。
  ・生徒が板書する時間が少なくなる。
  ・できなかった生徒は，式や補助線をヒントに考える。
 授業の目標や生徒の実態，時間などを考えて，ア，イ，ウのどれを選択するのか判断します。

(4) 日常的に継続できる学習指導案をつくる
① 学習指導案あっての「問題解決の授業」
 私は中学校現場で教えていたときに，そして大学の授業でも，学習指導案を書かないで授業をしたことはありません。学習指導案なしに「問題解決の授業」を行うことはできないからです。私の研究室には，中学校15年，大学25年の毎時間の授業の学習指導案が並んでいます。私の貴重な財産です。
 しかし，研究授業などで参観してもらうときにつくるような学習指導案を毎時間書くことはできません。日常的に継続できる学習指導案であることが必要です。
 学習指導案で欠くことのできないことは，次の3点です。
    ◎本時の目標……焦点化して，具体的に書く。
    ◎問題……………「p.18～」のような工夫をする。
    ◎主な発問………「p.29～」のように板書としても残す。

② 「教師の指導」あっての「生徒の活動」
 かつて学習指導での支援や援助が強調された頃，例えば次のような学習指導案が見られました。
  ア 「生徒の活動」の記述だけがあって「教師の指導」がない。
  イ 「生徒の活動」が左の欄にあって，「教師の指導」がその右にある。
 アの学習指導案では，教師がどのような指導をするのかわかりませんでした。教師の指導なしに，「本時の目標」にせまる生徒の活動が行われるとは考えられません。「支援＝指導しない」ということではないはずです。
 イの学習指導案（次頁の上）では，生徒の活動を逆に教師が追いかけているようにも見えます。左の欄から読みますから，流れが逆で不自然です。

生徒の活動	教師の指導	留意点
・問題について、いろいろな方法で考える。	・問題を提示する。	・問題は板書する。

「教師の指導」あっての「生徒の活動」です。これまで述べてきたように、「問題解決の授業」をつくるには、教師の意図的かつ計画的な指導が不可欠です。そのためには、次のような学習指導案の形式が自然だと考えます。

教師の指導	生徒の活動	留意点
・問題を提示する。	・問題について、いろいろな方法で考える。	・問題は板書する。

(5) 教科書比較をする
① 教科書によって指導の順番が異なる

　日本では現在、中学校数学の教科書は7社から発行されています。それぞれの教科書には特色があり、例えば練習問題の質や量も異なっています。さらに、指導の順番なども同じではありません。
　平成28年度から使用されている教科書で具体的に比較します。
　例えば、1年の図形で「おうぎ形の弧の長さと面積」をどこで指導するのかということは、教科書によって次のように異なっています。

> A社……章『空間図形』で、「円すいの側面積、表面積」の中で
> B社……章『平面図形』で、「おうぎ形」として
> C社……章『空間図形』で、「おうぎ形」として

　A社は、立体の計量において、円すいの側面積や表面積を求めるために「おうぎ形の弧の長さと面積」の学習が必要になることから、その場面で扱

っています。B社，C社は，立体の計量とは直接つなげないで，それぞれの章の中で「おうぎ形の弧の長さと面積」を単独に扱っています。

　生徒の学習（学びやすさ）や教師の指導（教えやすさ）にとって，どこで指導するのがよいのでしょうか。教科書比較を通して「なぜそこで指導するのか」「どれがよいか」などを検討することによって教材研究が充実します。

　さらに，いくつかの解き方や考え方があるとき，教科書によって指導の順番が異なっていることもあります。例えば，3年「2次方程式」で2次方程式の解き方を指導する順番です。3つの解き方を指導する順番は，次のように異なっています。

〈P社〉	〈Q社〉
因数分解による解き方	平方根の考えを使った解き方
平方根の考えを使った解き方	解の公式
解の公式	因数分解による解き方

　2年「連立方程式」で，代入法と加減法の指導の順番も教科書によって異なっています。どちらの順番で指導するのがよいのでしょうか。

　「教師は教材研究の深さだけの授業しかできない」という名言があります。「問題解決の授業」をつくるには，深い教材研究が必要です。教科書比較は，手軽にできて，かつ得るものが多い教材研究の1つになります。

② 「よい問題」の工夫にも役立つ

　教科書比較は，「よい問題」の工夫にも役立ちます。

　数学の教科書では，新しい学習内容のはじめには，学習の手がかりやきっかけとなる問題が設けられることが多くなっています。教科書によって問題が工夫されていて，それぞれの教科書での意図が伝わってきます。

　3年「平方根の加法・減法」で，教科書には例えば次のような問題があります。

> ア $\sqrt{9}+\sqrt{16}=\sqrt{9+16}$ と計算してよいかを問う問題
> イ $\sqrt{3}+\sqrt{3}$, $\sqrt{6}$, $\sqrt{12}$ の値をそれぞれ求める問題
> ウ $\sqrt{2}+\sqrt{3}$ と $\sqrt{2+3}$ が等しいと言えるかを問う問題

どれが「よい問題」でしょうか。次のようなことを考慮しながら,総合的に考えて問題を選択します。

□本時の目標を○○とすると,それを達成するためにはどの問題がよいか。
□生徒の実態を考えるとどの問題がよいか。
□指導時間を考えるとどの問題がよいか。

また,同じ問題であっても,いろいろな数値が考えられます。例えばアで,次のような数値にすると,どのような授業展開になるでしょうか。

・$\sqrt{4}+\sqrt{16}=\sqrt{4+16}$　　・$\sqrt{2}+\sqrt{5}=\sqrt{2+5}$

また,「$\sqrt{2}+\sqrt{8}=\sqrt{2+8}$」とすると,さらに異なる授業展開になります。中学校で教えていた頃,私は「$\sqrt{2}+\sqrt{8}=\sqrt{2+8}$ と計算してよいだろうか」という問題で授業をすることが多くありました。

③ 教科書比較で教材研究が充実する

教科書は,「主たる教材」です。生徒の学習にとっての大切なよりどころになるとともに,教師が「問題解決の授業」をつくるときの教材研究の中心にもなります。

これまで述べてきたように,教科書比較をすることによって,「よい問題」の工夫に役立つとともに,指導の順番の違いなど,比較を通して学ぶことはたくさんあります。また,練習問題の量や質もいろいろですので,テスト問題の作成の参考にもなります。さらに,発展的な内容や,学習を豊かにする読み物のページなども教科書によっていろいろ工夫されています。

なお,教科書比較といっても,必ずしも中学校数学7社すべての教科書を比較する必要はありません。少なくとも他の1社の教科書を購入して比較することで,教材研究が充実します。

(相馬)

第3章 数学科の「問題解決の授業」25の授業例

① 第1学年 正の数, 負の数「分配法則を用いた計算」

授業づくりのポイント

● **指導内容の数学的なよさについて検討する**

　正の数, 負の数の加減乗除を学んだあとには, いろいろな計算を学習します。その最後には, どの教科書にも「分配法則を用いた計算」があります。教科書比較をすると, 分配法則を用いて計算することができるという知識・技能を重視している内容が多く見られます。この授業では, 分配法則を用いることで効率的に計算できることに着目し, そのよさを感得させることをねらいとします。

● **適度な難易度の例題を提示する**

　個人思考や集団解決の場面では, 筆算で計算することも大切にします。そこで, 筆算で計算することが面倒であり, かつ分配法則を用いると効率的に計算できるような例題を提示して,「知りたい」「考えたい」という意識を高め, 活発な集団解決になるようにします。

● **練習問題を生徒自身に作らせる**

　教科書にある練習問題だけでなく, 数値や式などを生徒自身に考えさせた問題を作らせます。自作の練習問題に取り組ませるとともに, 隣同士で問題を出し合ったり教え合ったりします。

授業計画 [27時間扱い]

1. 正の数, 負の数　　　……7時間
2. 加法と減法　　　　　……8時間
3. 乗法と除法　　　　　……9時間（本時は, 第9時）
4. 正の数, 負の数の利用　……2時間
　章の練習　　　　　　……1時間

「本時の目標」と「問題」

本時の目標 分配法則を用いることで，効率的に数の計算ができることのよさを実感する。

> **問題**
>
> 『-17×102』について
> A君「ぼくは，筆算で計算するよ」 Bさん「私は，暗算でできるわ」
> Bさんはどのように考えたのだろうか。

　この授業では，負の数の計算においても分配法則が成り立つことを理解させるとともに，効率的に計算する方法を考えることを通して，分配法則を用いることのよさを味わわせることを目標にしました。問題で扱う乗法の計算は既習の内容であり，A君の考えのように筆算することで解決することができます。これに対してBさんの暗算でできるという考えを比較する形で示すことで，生徒は「どのように考えたのだろうか」と，自然な思考の流れで問題の解決に取り組むことができるでしょう。

授業の流れ

(1) **問題を提示し個人思考に取り組ませる**（8分）

　『-17×102』と式のみを板書し，「計算できる人は？」と問いかけます。すると，ほぼ全員の生徒が「できる」「簡単だよ」とつぶやきながら挙手をします。その後，A君の考えを板書し，実際にノートの片隅で筆算をさせて答えを確認します。続いて，Bさんの考えを板書すると一瞬沈黙が生まれます。「Bさんはどのように考えて暗算したのか考えてみよう」と投げかけながら問題を提示し，数分の個人思考の時間をとります。

(2) **机間指導で生徒の考えを把握する**（5分）

　机間指導で生徒のノートから取り組みの様子を把握すると，次のよ

うな2つの考えが見られるので，指名する生徒を決めておきます。

　ア　頭の中で筆算する。

　イ　$-17 \times (100 + 2)$

　　　$= -17 \times 100 - 17 \times 2$

　　　$= -1700 - 34$

　　　$= -1734$

机間指導の際には，「工夫して計算している人がいるね」と教師がつぶやくことで，イの考えに気付いたり，工夫して計算する方法を考えたりする生徒が増えることでしょう。

(3)　**集団で解決する**（17分）

意図的に指名して，ア→イの順に考えを取り上げて生徒に説明させます。アの考えを説明する場面では，「この位の計算ならば，頭の中で筆算ができそう」といったつぶやきが出てきます。これに対して，「<u>-82×102はできるかな</u>」と問い返します。「まだできるぞ」などの反応を大切にして，知的好奇心を揺さぶります。下線部分の数値をどんどん大きくしていくと，多くの生徒があきらめていきます。そこで，イの考えに気付いている生徒に答えを発表させて全体で確認すると，「おぉ～」「すごい」などの反応が沸き起こります。このタイミングでイの考えを説明させます。全員が納得するまで，数名の生徒にわかりやすく説明させることが大切です。

(4)　**計算の仕方を確認する**（5分）

生徒が板書した計算式をもとに，分配法則について確認します。また，$c \times (a + b) = c \times a + c \times b$，$(a + b) \times c = a \times c + b \times c$とまとめを板書します。教科書を開かせて，正の数・負の数においても分配法則を用いて計算できることや，分配法則を用いることで効率的に計算できることのよさを全体で確認します。

(5)　**練習問題に取り組ませる**（15分）

「□×102」「98×□」の式を提示して，「<u>□に好きな負の数を代入し</u>

て暗算で計算しよう」と問いかけます。自分自身で計算させたあとに，隣同士でペアとなり，問題を出し合いながら暗算する活動に取り組ませます。この場面では，ランダムに指名して問題を発表させ，学級全体で素早く答えるという活動に取り組ませてもよいでしょう。さらに，教科書にある次のような練習問題に取り組ませます。

AL③

① $24 \times \left(\dfrac{2}{3} - \dfrac{5}{4} \right)$　② $\left(\dfrac{7}{9} - \dfrac{5}{6} \right) \times (-18)$　③ $\left(\dfrac{6}{7} - \dfrac{11}{13} \right) \times (-182)$

生徒の説明の様子やノートへの記述，問題を出し合って計算し合う様子の観察を通して，分配法則を用いて効率的に計算することができたかどうか評価します。

この授業でのアクティブ・ラーニング

AL① 問題について自分なりに考える

問題提示の場面では，A君の考えをもとに全員に筆算をさせて答えを確認しました。その上で，暗算で計算するというBさんの考えを提示しました。そのため，答えがわかっていることもあり，暗算の方法について主体的に考え始めていました。

AL② 考えをわかりやすく伝え合う

集団解決の場面では，考えを取り上げる順番が大切です。この授業では，「頭の中で筆算する」という考えから取り上げました。学級全体が確かに筆算できるという雰囲気になりました。そこで，数値を変更したやや複雑な式を提示して考えさせました。生徒の困り感が出たところで，分配法則を用いた考えを取り上げたことで，そのよさが際立っていました。

AL③ 練習問題を出し合う

授業で扱った問題と関連した練習問題を生徒に作らせました。また，隣同士で問題を出し合う活動を行ったことで，発展的な問題を考えたり，理解の不十分な生徒に教えたりするなど，考えることを楽しみながら練習問題に取り組む姿が見られました。

(菅原)

② 第1学年 文字と式 「文字を使った式」

授業づくりのポイント

●**考えやすい問題を導入で扱う**

　マッチ棒の規則性を考える問題は，文字式の利用でも扱うことができます。視覚的にとらえることができることから，考えやすい問題になっています。それを文字と式の導入の場面にもってくることで，文字式に対する抵抗感を減らす効果が期待できます。

●**必要感をもって一般化について考えさせる**

　マッチ棒で6個の家を作るときの本数を考えさせてから100個の家について考えさせることで，具体的なイメージをもちながら考え始めます。その後，言葉の式や□の式，文字式を取り上げて，一般化について考えさせます。このように段階的に文字を扱うことで，必要感をもちながら学習を進めることができます。

●**比較を通して文字を用いることのよさを理解させる**

　個人思考や集団解決の場面では，いろいろな考えを比較することを通して，文字式がいかに有効かを考えさせます。また，言葉の式や□を使った式，文字を使った式を比較することで，文字を用いることのよさを理解させることができます。

授業計画 ［19時間扱い］

1. 文字の使用　　　　　……7時間（本時は，第1時）
2. 式の計算　　　　　　……6時間
3. 式の利用　　　　　　……2時間
4. 数量の関係を表す式　……3時間
   章の練習　　　　　　……1時間

「本時の目標」と「問題」

本時の目標　文字を用いた式と言葉の式などとの比較を通して，文字を用いることのよさを理解する。

> **問題**
>
> 右の図のようにマッチ棒を使って家を作っていく。
> 家が6個できるとき，マッチ棒は何本必要か。
> また，100個の家を作るのに必要なマッチ棒は何本か。

　この授業では，マッチ棒を使った操作活動を通して，文字を用いた式に関心をもち，数量関係を式で表したり，その意味を読み取ったりできることをねらいとしています。特に，家の個数が増えていくときのマッチ棒の本数について，増え方の規則に気が付き，言葉の式などとの比較を通して，文字を用いることのよさを理解させることを目標にしました。

　段階的に家の個数を増やしていくことで，生徒は「どのように考えると，より簡単に効率よく求められるだろうか」と，自然な思考の流れで問題の解決に取り組むことができるでしょう。

授業の流れ

(1) 問題を提示し，個人思考に取り組ませる（5分）

　問題文を読みながら，マッチ棒でできた家の図を提示し，「家が6個のときマッチ棒は何本必要か？」と発問し，板書します。

(2) 机間指導で生徒の考えを把握する（5分）

　個人思考のあと，何本になったかを全体で確認します。「どうして31本になったとわかるのか？」と聞き，生徒の考えを発表させると，次のような考えが出てくるでしょう。

① 図をかいて本数を数える。
② 言葉による説明から，増え方の規則を見つけ考える。

〈その1〉 $6 + 5 × 5 = 31$

（最初の家は6本と家1つ増える毎に5本増える）

〈その2〉 $1 + 6 × 5 = 31$

（最初の1本と家が1つ増えるごとに5本増える）

〈その3〉 $6 × 6 - 5 = 31$

（家の個数×6本－重なっている辺の数）

(3) **集団で解決する**（30分）

②の考えの生徒を指名し，それぞれの考えを図をもとにしながら説明させます。その後，同じ考えを「言葉の式」で表した生徒を指名し，板書に加えていきます。

答えが31本になることを確認したあとに，「家の数が増えるとどうなるんだろうね」と問いかけ，「家が7個のとき，8個のときなら簡単に求められそうだけど，100個のときの必要なマッチ棒の本数は何本？」と続きの問題文を読み，考える時間を数分とります。

すると，「100個の図をかきながらマッチ棒の数を数えることは困難だ」という意見や，「②の考えを使えば，$6 + 99 × 5 = 501$，$1 + 100 × 5 = 501$，$6 × 100 - 99 = 501$などの計算で501本と求められる」と考える生徒が出てきます。

全体で答えを確認したあと，さらに「このあと，何個の家を質問されてもすぐ答える方法はないだろうか？」と問いかけ，「言葉の式を使う」「□が使えないかな」「文字を使ったらどうだろう」という生徒のつぶやきを拾っていきます。

A：本数を表す式を作る。

・$5 ×$（家の個数）$- 1$　　・$6 + 5 ×$（家の個数$- 1$）

B：□個作ると考え，式を作る。

・$5 × □ - 1$　　・$6 + 5 × (□ - 1)$

C：a個作ると考え，式を作る。

・$5a + 1$　　・$6 + 5(a - 1)$

A〜Cの式をもとして文字を用いるよさを全体で話し合うと，「表現が簡潔である」「文字に数を当てはめて計算しやすい」などの意見が出てきました。さらに，Cについては，計算するとどちらも同じ式になるという生徒もいました。

(4) **文字式で表す練習をさせる**（10分）

　その後，「言葉の式や□の代わりに文字を用いて表した式を文字式という」ことを伝え，教科書を開かせて，数量を文字式で表す練習問題に取り組ませます。

　練習問題の答え合わせをする中で，文字を用いて表すことのよさを理解しているかどうかも評価します。

この授業でのアクティブ・ラーニング

AL① 問題について主体的に考える

　問題提示の場面から，「図をかけば求められるのではないか」「図をかくより規則を見つけた方がいい」「式を作った方がいい」など，生徒は自分なりの方法で答えを求めようとします。どの方法であっても求められること，また，その中でより効率的な方法を考えていきます。

AL② 必要感をもって一般化する

　6個の家を作るのに必要なマッチ棒の本数であれば，図をかいて数えることもできます。その後，100個の家をかくことは大変だと実感させたことで，どうにか文字で表して一般化ができないかと，生徒の思考の流れがスムーズに進むでしょう。

AL③ 比較を通して，文字を用いることのよさを理解する

　一般化をする際に，言葉の式や□の式や文字式について比較することで，文字式が有効な手段であることを実感させることができます。この学習により，文字を用いることで簡潔に表すことができ，答えを求める際に計算しやすいという文字の有用性を感じることができます。

（那須）

③ 第1学年 文字と式 「積の表し方」

授業づくりのポイント

●みんなが考え始められる問題を出題する

　生徒が数学を学ぶとき，「問題の意味がわからない」ことや「何を考えればよいのかはっきりしない」ことはできるだけ避けたいものです。また，「はじめから難しくて手も足も出ない」と感じる生徒が多くなってしまうのも同様です。この授業の問題は一見簡単で，ほとんどの生徒が自分なりに予想することができます。どの予想も正解と言えそうですが，表し方が異なっていることが課題となって授業が展開されます。自分が予想に参加できた問題では，意欲や関心が持続します。大切にしたい視点です。

●わかったことを共感できる場を設ける

　×を省略して表す具体例を見ながら，生徒は「きっとこんなきまりがあるに違いない」と考え，そのことを確かめてみたくなります。班隊形になって「きっとこうだよね」「私もそう思った」「でも，もしかして違うのかも」などと互いに伝え合うことで，自分の考えが明確になり，他の考えにも触れられます。きまりを見つける取り組みを繰り返すことで，生徒は「次はどんなきまりかな」「今度は自分で見つけるぞ」などと目的意識をもちながら授業に参加します。ちょっとした流れの工夫によって，生徒が主体性に考え続けられる授業をつくることができます。

授業計画［19時間扱い］

1．文字を使った式　　……6時間（本時は，第3時）
2．文字式の計算　　　……6時間
3．文字式の利用　　　……6時間
章の練習　　　　　　……1時間

「本時の目標」と「問題」

本時の目標 数や文字の積の表し方にはきまりがあることを理解し、きまりを正しく使って積を表すことができる。

問題

右の図の直方体の体積を式で表そう。

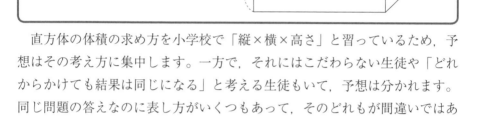

直方体の体積の求め方を小学校で「縦×横×高さ」と習っているため、予想はその考え方に集中します。一方で、それにはこだわらない生徒や「どれからかけても結果は同じになる」と考える生徒もいて、予想は分かれます。同じ問題の答えなのに表し方がいくつもあって、そのどれもが間違いではありません。「このままでよいのだろうか？」と揺さぶりながら、表し方にきまりの必要性を感じさせます。

授業の流れ

(1) **問題を提示し個人で予想させる**（8分）

はじめに問題の図を板書してノートにかかせます。直方体の図であることを確認し、黒板の図に3つの長さをかき込みます。「体積を式で表そう」と問題文を書き加え、「できそうかな？」と問いかけます。多くの生徒から「できる」「もうやっていいんですか？」などと声が返ってきます。「予想してみよう」と伝えて、個人で考えさせます。

(2) **予想と理由を出し合い、きまりの必要性に気付かせる**（7分）

生徒とやりとりをしながら予想を確認します。多くの生徒が $b \times a \times 3$ (cm)と答え、理由を聞くと「縦×横×高さが正しい順だから」と答えます。一方で、$a \times 3 \times b$ (cm)や $a \times b \times 3$ (cm)などと答える生徒もいて、理由を聞くと「どこからかけても答えは同じはず」

「直方体の向きを変えれば順序も変わるから」といった意見が出されます。ボックスティッシュなどを用意しておき，実際に動かしながら「さっきまで縦だった辺が横にも高さにもなりますよね」と補足します。また，3辺がともに数値で与えられると順序に関係なく1つの答えが導かれることにも触れます。「この問題の正解は？」と聞き，どれも正解のようだが表し方が異なっていることを確認します。

AL ①

(3) **表し方にきまりがあることを指導する**（5分）

「表し方の違う正解がいくつもあるとどうなるでしょうか？」と生徒に聞くと「答えの書き方に迷ってしまう」「数学の答えなのに1つに決まらず，スッキリしない」といった声が返ってきます。ここで「文字を使った式の表し方にはきまりがあります。今日はそのきまりを見つけてもらいたい」と話します。「①　$3 \times x = 3x$」と板書し，「①では，積の表し方のきまりが使われています。どんなきまりが使われたと考えますか？」と聞きます。生徒が「×が消えた」などと答えるので「その通りです。積を表す際には×（かける）を省略して表します」と伝えて①の式の右に「×（かける）を省略する」と書き加えます。

(4) **具体例からきまりを推測させて方法を指導する**（20分）

班の形になるように指示を出して机を移動させ，①の場合と同様に②から⑦までの具体例を1つずつ取り上げながらそれぞれの場合のきまりについて考えさせます。各班に1つずつ，きまりを説明させることにして進めると，班の中で自然と話し合いが始まり，「きっとこうだ」「そうだよね」などと考えを確かめ合う様子が見られます。

AL ②

① 　$3 \times x = 3x$　「×」を省略する

② 　$a \times (-5) = -5a$　数を先に書く

③ 　$c \times a \times b = abc$　アルファベットの順に並べる

④ 　$x \times x \times x = x^3$　累乗は指数を使って表す

⑤ 　$4 \times x - y \times 3 = 4x - 3y$　−や+は省略しない

⑥ $(x+2)×4 = 4(x+2)$
　　　　　( ) は文字のように扱うが数や文字の後ろに
⑦ $a×1 = a$　文字の前の1は省略する

(5) 問題を解決し，練習で習熟を図る（10分）

　①から⑦のきまりについて確認し，囲んでまとめとします。表し方にはきまりがあるが，今日の授業を通して，それらを自分たちで考えながら見つけられたことを評価します。本時の問題にもどって，「問題の答えを言ってみよう」と聞きます。生徒は自信をもって「$3ab$」と答え，きまりによって表し方が一通りに定まることを確認できます。教科書の記述で本時の学習内容を振り返り，練習問題に取り組ませて，きまりやその使い方が理解できているかを評価します。

この授業でのアクティブ・ラーニング

AL①　きまりの必要性について考える

　きまりや法則など，知識を身に付ける授業では，いわゆる「教え込みのスタイル」に陥りがちです。しかし，そのきまりについて「どんなきまりなのか？」や「なぜきまりが必要なのだろうか？」と問うことで，知識を単に与えられるだけでなく，考えながら身に付けることができます。この授業で生徒は，同じ直方体の体積でも，見方によって表し方が複数あることに気付き，きまりの必要性を感じ取ることができました。

AL②　協力してきまりを推測する

　この授業では，×が省略される具体例を紹介し，その場合に使われた「きまり」を見つける取り組みを繰り返しました。班になって考え方を伝え合ったり，確かめ合ったりしながら，それぞれの場合のきまりを推測しました。自分の予想が他と一致して安心したり，結果は同じでも異なった見方をしている生徒の考えに気付く姿が見られました。きまりは7つあったので，多くの班に説明させることもできました。練習の場面でも「自分たちで気付いたきまり」を使えるうれしさが見てとれました。

（上村）

④ 1次方程式 「小数係数の方程式の解き方」

授業づくりのポイント

●予想させることで，考える必要感をもたせる

　小数係数の方程式のみを提示して「解いてみよう」「解き方を考えよう」と発問しても，小数の計算を苦手としている生徒は問題を解かされていると感じてしまい，主体的な学習になりにくいものです。そこで，整数係数の方程式を並べて提示し，どちらの解が大きいかを予想させることにしました。そうすることにより，双方の方程式を解いて比較することが課題となり，考える必要感をもたせることができます。

●問題の数値や，提示する位置・順序を工夫する

　整数係数の方程式と，その両辺を10倍すれば同じ式になる小数係数の方程式を上下に並べて提示することで，解が等しいと直観的に予想する生徒が現れやすくなります。また，整数係数の方程式から先に解くことで，小数の計算に苦手意識がある生徒も，整数係数と同様の手順で解こうとしやすくなります。さらに，小数第1位の数をすべて偶数にしておくことで，10倍や100倍以外でも整数係数に直せることを指導する場面を設定できます。

●確認問題に取り組ませて，解きやすい方法を体感させる

　小数係数のままで移項してから解く方法と，整数係数に直してから解く方法を比べるだけでなく，解きやすいと思う方法を選択して実際に解かせることで，整数係数に直すことのよさを実感できるようにします。

授業計画 ［16時間扱い］

1. 方程式とその解き方　……9時間（本時は，第8時）
2. 方程式の活用　……6時間
  章の練習　……1時間

「本時の目標」と「問題」

本時の目標　小数係数の方程式を効率よく解くことができる。

> **問題**
>
> ①と②の方程式では，どちらの解が大きいだろうか。
> ① $14x - 18 = 8x - 30$
> ② $1.4x - 1.8 = 0.8x - 3$

　この授業では，小数係数の方程式の両辺に10や100などをかけて整数係数に直してから解くことができることを目標にしました。問題を解決したあとに確認問題を提示して，整数係数に直してから解くよさを感じさせ，この方法で解くことができるようにすることをめざします。

　問題では，既習内容である整数係数の方程式と，小数係数の方程式を提示し，2つの方程式の解の大小を比較する選択タイプの決定問題としました。小数係数の方程式について，小数係数のままで移項してから解く方法と整数係数に直してから解く方法を順に取り上げて2通りの解き方を理解させてから，係数を整数にすることのよさを実感させ，効率よく解くことができるようにします。

授業の流れ

(1) 問題を提示し予想させる（5分）

　「どちらの解が大きいだろうか」と板書して，①の整数係数の方程式をはじめに提示します。続いて，②の小数係数の方程式を板書して，解が大きいと思う方を挙手で選ばせます。係数が大きいので①の解が大きいと予想する生徒や，裏を読んで②の解が大きいと予想する生徒に分かれます。しかし，どちらにも手を挙げない生徒もいるので理由を尋ねてみると，2つの方程式の解は等しいという予想が返ってきます。生徒たちはどの予想が正しいのか気になるようです。

AL ①

(2) **個人思考に取り組ませてから集団で解決する**（20分）

「どうすれば予想を確かめられるか」と問うと，それぞれ解いてみればわかるという反応が返ってくるので，「解いて確かめよう」と発問して板書します。はじめに①の方程式を解かせます。個人で考える時間をとると，既習内容であるためすらすらと解ける生徒が多いので，1，2分で集団解決に移ります。複数の生徒とやりとりしながら，移項などの解き方と $x=-2$ が解であることを確認します。

次に，②の方程式を解かせます。再び個人思考の時間をとり，机間指導で取り組みの様子を把握します。多くの生徒が，①と同様に移項して解こうとします。しかし，小数の加法や除法に手間取ったり，$x=-0.2$ と小数点の位置を間違ったりする生徒も見られます。「解が等しい」と予想した数名の中には，両辺を10倍している生徒もいます。

2，3分経ってから，集団解決を行います。机間指導の際に考えた指名計画に基づき，右のように小数係数のまま移項していた生徒を指名して，解く手順を聞きながら解いていきます。小数の計算に手

$$1.4x - 1.8 = 0.8x - 3$$
$$1.4x - 0.8x = -3 + 1.8$$
$$0.6x = -1.2$$
$$x = -2$$

間取る生徒が多くいる場合は，$-3+1.8$ や $-1.2 \div 0.6$ の計算の仕方を丁寧に復習します。そして，$x=-2$ が解であることから，①と②の解は等しいという予想が正しかったことを確認します。異なる予想をしていた生徒の中から，「なんだー，同じかぁ」と声が上がります。どうやら，たまたま同じ解だったと思っているようです。

そこで，②を別の方法で解いた生徒がいることを紹介し，両辺を10倍してから移項した生徒を指名して2行目の式を言わせ，右のように板書します。

$$1.4x - 1.8 = 0.8x - 3$$
$$14x - 18 = 8x - 30$$

全体に「なぜ2行目がこの式になったのだろうか」と問うと，「全部10倍している」と返ってきます。そこで，「10倍してしまっていいのかな？」と問い返し，等式の性質に基づく正しい変形であることや，2行目の式が①の方程式になっていることから3行目以降は①と同じ

解き方になり，解が等しいとわかることを確認します。「あっ，だから等しいって予想できたのか！」と納得する声が上がります。

(3) **確認問題に取り組ませる**（5分）

確認問題として$2.1x = 0.5x - 3.2$を「解きたい方法で解いてみよう」と提示します。多くの生徒が両辺を10倍してから解くので，その理由を問い「整数係数に直すと計算しやすい」ことを確認します。

(4) **学習した内容を振り返り，練習問題に取り組む**（20分）

教科書を開いて，例題で本時の学習内容を振り返り，要点にラインを引かせて「整数係数に直してから解くとよい」ことをまとめます。その後，練習問題に取り組ませて習熟を図ります。机間指導をしながら，整数係数に直してから解くことができているか評価も行います。

また，$3.5x - 5 = 2.5x - 1$のような方程式を出題し，そのまま移項してすぐに解けたり，必ずしも10倍ではなくても整数に直せたりする（②の方程式であれば5倍でもよい）ことにも触れ，解き方への理解を深めさせます。

この授業でのアクティブ・ラーニング

AL①　予想したことを主体的に確かめる

与えられた小数係数の方程式をただ解くのとは異なり，2つの方程式の解の大小を予想することによって，結果を明らかにすることへの興味が高まり，主体的に考えようとする様子が見られました。

AL②　対話的な学びを通して新たな知識を理解する

生徒の考えについて問い返し，考えを深めさせて話し合うことによって，生徒は等式の性質を用いてよりよく解く方法を理解することができました。

AL③　確認問題を通してよりよい解き方を実感する

本時の学習内容を踏まえて確認問題を解決することで，生徒は整数係数に直してから解く方法のよさを実感していました。また，その後の練習問題では，熱心に取り組む姿が見られました。

（角地）

⑤ 第1学年 比例・反比例「量の変化」

授業づくりのポイント

●**比較して考察する**

　本授業では，比例するための条件を見いだすことができることがねらいです。そのために，生徒自らが見つけた正方形の数の変化にともなう「比例関係の事象」と「比例関係以外の事象」について比較して考察させることで，生徒自らが比例するための条件を見いだすことができるようにします。

●**予想を通して課題意識をもたせる**

　「正方形の数が増えることにともなって，面積や周囲の長さはどのように変化するだろう」と教師が一方的に課題を与えるのではなく，生徒から出された「変化」するものの中から「比例するものはどれ？」と予想させ，自分の立てた予想が正しいかどうかを確かめることで，「どうなのだろう？」という気持ちを引き出し，課題意識をもたせるようにします。

●**問題の数値を工夫する**

　比例について，「x の値が増えると y の値が同じ数ずつ増える」と考えている生徒がいます。そこで，正方形の数が増えることにともない面積や周囲の長さが4ずつ増えるように問題の数値を工夫することで，誤答を引き出し，集団解決を通して比例についての理解を深めることができるようにします。

授業計画［17時間扱い］

1．関数　　　　　　　　……1時間
2．比例　　　　　　　　……8時間（本時は，第1時）
3．反比例　　　　　　　……4時間
4．比例・反比例の活用　……3時間
章の練習　　　　　　　　……1時間

「本時の目標」と「問題」

本時の目標　2つの数量関係を表で表し，変化や対応に着目して，比例しているかどうかの根拠を示し，判断することができる。

> **問題** 
>
> ［□□□□］……
>
> 1辺が2cmの正方形を上の図のように並べていく。
> 並べた正方形の数が増えることにともなって，変わるものを書きなさい。

　この授業では，比例するための条件を見いだし，比例しているかどうかの根拠を示し，判断することができることを目標にしました。比例の導入なので，多くの生徒が自由に意見を出しやすく，取り組みやすくします。

　生徒の予想から課題を引き出し，2つの表を比較し，考察したことを集団で話し合うことを通して比例するための条件について生徒自らが気付き，深め合うようにします。

授業の流れ

(1) 問題を提示する（5分）

　黒板に白い正方形を1枚貼ります。生徒は「何だ？」という顔で黒板を見ています。そこから，1枚ずつ正方形を増やしていき，数量が変化している様子がわかるようにします。「何が増えている？」と問うと，「正方形」と答えます。そこで，「正方形の数が増えることにともなって，変わるものを書きなさい」と板書し問題を提示します。

(2) 机間指導で生徒の考えを引き出し発表させる（10分）

　個人で3分程度考えさせます。途中，「3つも書けている人もいるぞ」「○○さんは5つも見つけた」などと全体につぶやき，生徒の意

欲を喚起します。多くの意見を取り上げたいので，テンポよく指名し，どんな答えにも励ましと賞賛の言葉をかけたいものです。クラスが笑いに包まれる解答もあり，数学が苦手な生徒も楽しく授業を受けることができるはずです。

［生徒の発表例］

①形　　②横の長さ　③対角線の長さ　④周囲の長さ
⑤面積　⑥辺の総数　⑦問題の難易度　⑧鉛筆の芯の量　……

(3) **課題を提示し，解決するⅠ**（15分）

「この中（生徒の意見）で比例しているものはあるだろうか」と問い，予想させると，②横の長さや⑤面積，⑥辺の総数が多く，周囲の長さや対角線の長さは少ない傾向が見られました。「予想する人が多い（少ない）面積と周囲の長さについて調べてみよう」と課題を提示します。「関係を調べるためには，どのような方法があるか」と問いかけると，「表で調べる」という意見が出てきます。そこで，表を作って調べることにしました。個人思考の時間を3分程度とると，面積が比例している理由として次の4つが出されました。

x（個）	1	2	3	4
y（cm^2）	4	8	12	16

(その1) 正方形の数が増えると，y（面積）が4ずつ増えているから。

(その2) x（正方形の個数）を2倍，3倍，4倍……すると，y も2倍，3倍，4倍……になるから。

(その3) $y \div x$ の値がいつも4になるから。

(その4) $x \times 4 = y$ だから　→　$y = 4x$

(4) **課題を提示し，解決するⅡ**（15分）

周囲の長さについても同様に調べさせると，比例しない理由が3つ出されます。

x（個）	1	2	3	4
y（cm）	8	12	16	20

(その①) x（正方形の個数）を2倍，3倍，4倍……すると，y（周囲の長さ）は2倍，3倍，4倍……にならない。

（その②）$x \div y$ は一定ではない。
（その③）$x \times 8 = y$ にならない。

(5) 2つの表を比較し，比例の定義をまとめる（5分）

　周囲の長さは，面積と同様に4ずつ増えているが比例ではないことを確認します。比例と言える理由を考えさせると，（その2）～（その4）にほとんどの生徒が挙手します。どれも正しいことを確認し，（その4）の「$y = 4x$ のように $y = ax$ という式で表されるとき比例する」という比例の定義を板書します。

　生徒の説明の様子やノートの観察を通して，比例と判断する理由を理解しているか評価します。

AL③

この授業でのアクティブ・ラーニング

AL① 予想したことを主体的に考え，数学的に表現する

　教師側から提示した課題ではなく，自分たちが予想したことを確かめることを課題として提示したため，主体的に考えようとする姿勢が見られました。

　多くの生徒は（その2）を用いて説明していましたが，授業が進むにつれて（その3）や（その4）の考え方が出てきます。なお，（その1）を用いて説明した生徒のあとに，何人かの生徒からは「そうかなあ？」というつぶやきがありましたが，これについては周囲の長さで確認するため，ここでは深く触れませんでした。

AL② 「比例」と判断できない理由を説明する

　（その2）～（その4）の考え方を活用し，比例していない理由をノートに記述していました。（その2）よりも（その3），（その4）の有効性に気付き，それを用いて説明する生徒が増えました。

AL③ 振り返って比較し，「比例」するための条件を見つける

　2つの表で考察してきたことを振り返り，「比例するための条件」について再度考えさせます。生徒は，集団解決を通して考察してきたことを通して，比例するための条件に自ら気付くことができました。

（中本）

⑥ 第1学年 比例・反比例「反比例の利用」

授業づくりのポイント

●問題の解決を通して前提となる知識や技能，考え方を学び直す

　利用の問題の解決のためには，基礎・基本となる知識や技能，考え方があり，それらが身に付いていることが前提となっています。そこで，問題(1)，(2)の解決を通して，必要となる知識や技能，考え方を学び直し，それらを利用して問題(3)を解決できる授業構成にしました。

●実物の天秤を提示し実験することで，関心・意欲を高める

　天秤では，重さは支点からの距離に反比例することは小学校の理科などで学んでおり，問題(1)については確かな予想ができます。また，実物の天秤を教室に持ち込み，実験することで，「本当だ」「当たった」などの意欲的な姿勢が感じ取れます。実験結果を表にまとめたあと，「本当に反比例しているのか理由を考えよう」という課題を提示することで，身近な事象から反比例の関係を見いだし，主体的な学びができるようにします。

●日常生活に利用されていることを知り，数学のよさを感得させる

　授業の最後には本物の竿ばかりを見せました。竿ばかりは反比例を利用して重さを図ることができる道具です。実生活の中に反比例の考えが利用されていることを知ることで，数学のよさを感得させたいと考えました。

授業計画［17時間扱い］

1. 関数　　　　　　　　……1時間
2. 比例　　　　　　　　……8時間
3. 反比例　　　　　　　……4時間
4. 比例・反比例の利用　……3時間（本時は，第3時）
章の練習　　　　　　　　……1時間

「本時の目標」と「問題」

本時の目標 身の回りの事象について，反比例の考えを利用して問題を解くことができる。

問題

(1) 天秤の支点から，左に5cmの距離に◯を，右に12cmの距離におもりを4個つるすとつり合っている。右側のおもりを支点から6cmへずらすとおもりは何個でつり合うだろうか。

(2)

x (cm)	6	9?	12	24
y (個)	8	6	4	2

――真ん中――

おもりを6個にすると，距離も中間の9cmでつり合うだろうか。

(3) 天秤の支点から，左に5cmの距離に◯を，右に12cmの距離におもりを4個つるすとつり合った。◯は，おもり何個分でしょうか。

この授業では，身の回りの事象について，反比例の関係を見いだし，その考えを利用して問題を解決することを目標にしました。問題(1)で天秤ではおもりの重さは支点からの距離に反比例することを理解させ，問題(2)で反比例の関係を式で表したり，式を用いて具体的な問題を解く学び直しの場面を設定することで，問題(3)を解決するための手立てになると考えました。

授業の流れ

(1) 問題(1)を提示して予想させ，実験する (13分)

実物の天秤を提示し，「右側のおもりを支点から6cmのところへずらすとおもりは何個でつり合うか」と問題(1)を提示しました。

予想させると5個，6個，7個，8個と様々な意見が出てきますが，8個と予想する声が一番多くあります。理由を問うと，「重さは距離に反比例していそうだから」という考えが出てきます。

そこで，実験（24cmも実験する）をして表にまとめたあと，「おもりの重さは支点からの距離に反比例しているか」という課題を提示します。

表

x (cm)	6	12	24
y (個)	8	4	2

(2) **反比例している理由を発表させる**（10分）

個人で3分程度考えさせると，3つの考えが出てきます。机間指導の中で指名する生徒を決め，3名の生徒に一斉に自分の考えを黒板に書かせます。他の生徒には，自分の考えと異なる意見をノートに写すように指示し，それぞれの考えを再確認させます。

（その1）xを2倍，4倍すると，yは$\frac{1}{2}$倍，$\frac{1}{4}$倍となるから。

（その2）どこでも$x \times y = 48$になるから。

（その3）$y = \frac{48}{x}$という式で表されるから。

(3) **問題(2)を提示し，正しい答えとその理由を説明させる**（10分）

誤答を取り入れた問題を提示して予想させると，ほぼ全員が「正しくない」と答えます。理由を問うと，問題(1)の（その2）を利用して，「$9 \times 6 = 54$となり48にならないので間違い」とほとんどの生徒が答えます。「正しい答えとその理由を説明しなさい」と発問し，3分程度考えさせます。机間指導で生徒の考えを把握し，意図的に指名して一斉に板書させます。

（その①）$xy = 48$　より$48 \div 6 = 8$

（その②）$y = \frac{48}{x}$より$y = 6$を代入して$6 = \frac{48}{x}$から$x = 8$

（その③）yは8から6に変化しているので$\frac{3}{4}$倍している。
　　　　　このことよりxは6を$\frac{4}{3}$倍すればよい。

多くの生徒は（その①）の考えを使って解きます。（その①）から順に発表させると，（その③）の考えは，「わかるけど面倒だ」「わかりづらい」という意見が周りから出てきます。「わかりやすいのは？」と問うと，（その①）や（その②）が圧倒的に多く，よさを確認することができます。

(4) 問題(3)を提示し，解決する（17分）

この問題の解決には，天秤の性質から反比例の関係が左右対称でも成り立つことを押さえる必要があります。授業では天秤の支点から左に12cm，6cm，24cmの場合のおもりの個数を生徒に問うことで，右側と同じ反比例の関係が成り立つことを理解させます。

その後，問題(3)を提示すると，ほとんどの生徒が反比例の性質を用いて，次のような考えで問題を解決できます。

（そのⅠ） $xy = 48$ より　 $5 \times y = 48$ 　 $y = 9.6$
（そのⅡ） $y = \dfrac{48}{x}$ より　 $x = 5$ を代入　 $y = 9.6$

ノートの記述を通して，反比例の式を用いて問題を解決することができたかどうか評価します。

最後に，反比例が利用されている例として竿ばかりを見せ，実際に使われていたことを説明すると，生徒から驚きの声が上がります。

AL ③

この授業でのアクティブ・ラーニング

AL① 実験して確かめたことを数学的に考察する

予想し，実験して確かめたことから，どんな性質があるかという興味を喚起させることができ，意欲的な姿勢が見られました。多くの生徒は（その1）や（その2）を用いて説明していましたが，（その3）のように式を用いて説明する生徒もいて，「なるほど」と感心する生徒もいました。

AL② よりよい考えについて話し合う

小学校と異なり，中学校では式を用いて反比例を定義します。考えの比較を通して，反比例の式を使って値を求めることの有効性を確認することで，問題(3)では式を用いて説明しようとする生徒が多くいました。

AL③ 2つの問題を通して確認した考え方を利用する

問題の解決を通して，考えを説明したり，自分と違う考えを聞いたりすることで，獲得した考えを利用する力が身に付きます。そのため，問題(3)を提示すると，意欲的に解決しようとする姿が多く見られました。

（中本）

⑦ 第1学年 空間の図形「いろいろな立体」

授業づくりのポイント

●**生徒が主体的に取り組みやすい問題を提示する**

　小学校では球や柱体を学習していますが，錐体は中学校で初めて学ぶ立体です。空間図形の導入として，生徒が取り組みやすい「立体の仲間分け」を行い，柱体や錐体などの立体を多くの視点から分類し，その特徴について考えます。この活動を通して，立体に興味をもちながら用語を覚えていきます。

●**一斉授業の中で，効果的な問い返しを行う**

　集団解決の場面では，仲間分けを発表する生徒とその分け方の理由を発表する生徒に分けることで，授業内容をより深く追究することができます。特に，「どの特徴に着目したか」「この分け方はどういう意図で分けたのか」ということを生徒に考えさせることで，より多くの観点から分類する力が育まれ，空間認識を深めることができます。

●**日常に関連付けて考えさせる**

　この授業を通して，日常生活に目を向けると，身の回りには様々な立体があることがわかります。今学習している内容が日常に関連していることがわかると，生徒の興味が一層高まり，この単元に対して関心をもって学習を進めることができます。

授業計画［17時間扱い］

1．立体の基礎　　　　　　……3時間（本時は，第1時）
2．立体の見方と調べ方　　……8時間
3．立体の体積と表面積　　……5時間
章の練習　　　　　　　　　……1時間

「本時の目標」と「問題」

本時の目標　角柱や円柱，角錐や円錐の特徴や性質について理解する。

問題

次のア～カの立体を，
2つに仲間分けしよう。

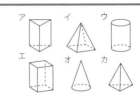

　この授業では，平面や空間における図形の基本的な性質や構成について理解を一層深めることをねらいとしています。問題で扱った立体には錐体と柱体が混ざっており，視点を変えると底面が三角形，四角形，円になっているなど，いろいろな見方を引き出せる問題です。また，立体の仲間分けは見た目でもできるので，どの生徒にも取り組みやすい問題でもあります。

　さらに，実際に6つの立体模型を提示することで，生徒がより具体的にイメージをもって学習を進めることができるでしょう。そして，授業の後半に行う立体の用語の確認の際にも立体模型を用いて説明することで，生徒の理解が一層深まります。

授業の流れ

(1)　問題を提示し，個人思考に取り組ませる（8分）

　プリントを用意して，問題を提示します。具体物があれば，それらを提示しながら問題を把握させるとよいでしょう。問題提示のあと，「どんな仲間分けでもよいから6つの立体を分けてみよう」と発問すると生徒たちは一斉に考え始めます。実際の授業では，生徒は教室に座っている前後左右の人と相談しながら取り組み，いろいろな考えが出てきました。6つの立体の図のプリントを配り，色分けをさせながら取り組ませると考えやすくなるでしょう。

(2) 机間指導で生徒の考えを把握する（12分）

　机間指導で生徒の取り組みの様子を把握します。次のような考えが見られるので，指名する生徒を決めておきます。

```
① アウエとイオカ→上と下が同じ形か。先がとがっているか。
　　　　　　　　　底面が1つか2つか。
② ウオとアイエカ→側面が曲面か平面か。底面が円か多角形か。
③ ウとアイエオカ→頂点があるかどうか。
```

さらに「3つに仲間分けできないか」と問いかけると，

```
④ アカとイエとウオ→底面が三角形と四角形と円。
　　　　　　　　　　立体を上から見たときの形は何か。
```

といった考えが出てきます。他にも「展開図で考えたときの側面の一部は長方形と三角形とおうぎ形である」「どこから見ても同じ形になるものとならないものがある」「底面に平行な辺があるか」など，様々な意見を取り上げることができるでしょう。ただし，どの仲間分けを選択するかは，教師の意図によると考えます。実際の授業では，上の①～④を取り上げました。

(3) 集団で解決する（20分）

　意図的に指名して，はじめに分け方のみを確認します。その分け方の理由を別の生徒に問うと「こう分けたのではないか」「本当はこうなんじゃないか」といったつぶやきが出てきます。その後，分け方を発表した生徒に確認してみると，同じ理由で考えていたり違っていたりすることがわかり，理解を深めることができます。

　それぞれの考えを踏まえながら，角柱や円柱，角錐や円錐について，名称とその性質を理解させていきます。さらに，教科書を使って，「頂点」「側面」「底面」「回転体」などの用語を確認していきます。

(4) 日常に目を向けてみる（10分）

「本時で学習した立体が，身の回りのどこにあるのか」を考えさせて，空間図形への親しみをもたせます。例えば円柱は電柱や色鉛筆，角柱はティッシュ箱やサイコロ，円錐はクラッカー，角錐はテントなど，生徒に考えさせると，様々なものが出てきます。また，教室内で探してみることもできるでしょう。さらに，生徒の状況に応じて「球はどの仲間に入るだろうか」と問いかけて考えさせることもできます。

AL③

この授業でのアクティブ・ラーニング

AL① 主体的に仲間分けを行う

誰もが主体的に考えることのできる問題を扱うことで，問題提示のあと，すぐに自分なりに仲間分けを始めました。それと同時に，「○○で仲間分けができる」の○○に入る言葉を考えさせることで，分け方の理由を他者に伝わるようにまとめることができました。それらが，立体に対する着眼点を磨き，理解を深めることにつながります。

AL② 集団で解決する際に考えを深めていく

自分と他者で仲間分けの分け方は同じでも理由が違うことから，1つの図形に対する見方が多様にあることに気付くことができます。特に，仲間分けだけを発表させて，分け方の理由を全体に問うと「こう分けたんじゃないか」「私はこういう分け方だと思っていた」など，図形について考えを深めるとともに，説明する力も身に付けることができます。

AL③ 身の回りの中から発見する

授業の最後に，本時に学習した立体が身の回りのどこにあるかを考えさせました。実際に授業を行うと，教室にあるものでも円柱や円錐，角柱などを自分たちで見つけ出すことができますし，もっと広く様々な立体について，身の回りにあるものの中から発見することもできるでしょう。これらの活動を通して立体についてより身近に感じるとともに，今後の空間図形の学習の導入としての効果も期待できます。

(那須)

⑧ 第1学年 資料の整理と活用「近似値」

授業づくりのポイント

●**新たな知識を学ぶ楽しさにつなげる**

　新たな知識を学ぶときは，今まで生徒が学習し，当たり前に考えてきたことが覆されることもあります。この授業の問題は，生徒が今まで学んだ知識を用いれば何の疑いもなく解答することができます。しかし，「本当にそうだろうか？」という教師の発問から，生徒は「えっ」「どういうこと？」という疑問をもちます。授業が進むにつれて自分の考えが間違っていたことに気付き，それが新たな知識を学ぶ楽しさにつながります。

●**誤答を取り上げ，生徒の意見をつなぐ**

　集団解決の場面では多くの生徒が考えるであろう誤答をあえて取り上げ，全体に確認します。誤答に対して疑問を示す生徒がいることで，「本当に正解だろうか？」と再度自分の考えを振り返らせます。誤答から生徒の意見をつなぎ，正答にたどりつけるようにします。

●**日常生活の身近な題材を問題として提示する**

　体重計やノンアルコールビールなどを題材として問題を作成しました。日常生活の身近な題材を問題として提示することで，生活の中に近似値や有効数字が用いられていることを知ることができるようにします。

授業計画 [11時間扱い]

1. 度数の分布　　　　……4時間
2. 代表値　　　　　　……3時間
3. 近似値と有効数字　……1時間（本時）
4. 統計資料の活用　　……2時間
章の練習　　　　　　……1時間

「本時の目標」と「問題」

本時の目標 日常の中に近似値，有効数字が用いられていることを知り，その意味を理解する。

> **問題**
>
> A君が体重を測定すると52.6kgでした。A君の体重は何gか。

　この授業では，日常生活で何気なく使っていた数値の中に近似値や有効数字が使われていることに気付き，その意味を理解することを目標にしました。

　問題を提示すると，全員が52600gと答えますが，「本当に？」と問い返すことで生徒の考えを揺さぶり「52.6kgの範囲は？」と課題を提示することで，疑問をわき起こさせます。さらに，ノンアルコールビールを例に練習問題を提示し，さらに教科書の問題で理解の定着を図ります。

授業の流れ

(1) **問題を提示する**（5分）

　すぐに問題を板書し，自分の考えをノートに書かせます。生徒数名に指名すると全員が「52600g」と答えます。「本当？」と問い返すと，「本当」「絶対」などの声が聞かれます。

　そこで，「A君の体重はちょうど52600gだろうか？」と発問し，1分程度時間を与えて考えさせます。

(2) **課題を提示する**（5分）

　生徒からは「絶対に正しい」という意見が出てきます。そこで，教師側から次のような確認をします。「体重計は100g単位まで測れます」生徒からは「それじゃ，正確にはわからない」さらに，「52601gは何kg？ 小数第1位で答えなさい」と発問し，考えさせます。生徒を指名して発表させると「52.6kg」と答えます。この時点で，A君の体重がちょうど52600gであるとは限らないことに気が付きます。

AL ①

そこで，次のような課題を提示します。「52.6kgは何gから何gの範囲だろうか」。

(3) **集団で解決する**（10分）

時間を3分程度与え，個人で考えさせます。机間指導で生徒の考えを把握し，「52600g以上，52649g以下」という意見の生徒がいることを全体に紹介すると，何人かの生徒が反対します。なぜ違うのか問うと，「52559gも52.6kg」という意見が出されます。同様に，52649g以下でよいか確認すると，「52649.1gも。52.6kg」という意見として出されます。そこで，再度時間をとって考えさせると「52550g以上，52650g未満」という意見が出されるので，線分図を用いて丁寧に確認します。

(4) **近似値や有効数字の意味を知る**（10分）

次に「A君の体重をxとしたときの範囲を不等号を使って表しなさい」と発問します。1分程度考えさせ，「$52550 \leqq x < 52650$」になることを全体で確認します。体重計の52.6kgは「近似値」であることや小数第1位までは「有効数字」であること，実際の体重を「真の値」ということなどの用語を説明し，教科書を用いてその意味を確認します。最後に「A君の体重がちょうど52600gであれば何kgと表せばよいだろうか？」と発問すると，「52.600kg」という解答が出されます。小数第3位まで表す必要があることを知ることで有効数字の意味の理解につなげます。

(5) **練習問題に取り組む**（10分）

「アルコール0％のノンアルコールビールは本当にアルコールが入っていないだろうか？」と問題を提示し，すぐに予想させます。多くの生徒が入っていないと予想します。3分程度時間をとり，真の値の範囲を考えさせます。有効数字は0であり，小数第1位は5未満であることを確認し，生徒から「真の値をxとすると$0 \leqq x < 0.5$である」ことを発表させます。生徒はノンアルコールビールなのにアルコール

が入っている可能性があることに気が付き，驚きます。そこで，実際にはアルコールが入っていないことを伝え，ノンアルコールビールの写真を見せ，0.00％と表記されていることを確認します。アルコールが入っていないことを伝えるために有効数字が小数第2位まで0で表していることを知ることで，有効数字のよさや必要性に気が付くはずです。

(6) **練習問題に取り組む**（10分）

最後に，教科書の問題に取り組ませます。近似値や有効数字などについて理解の定着を図ります。また，練習問題の取り組み状況を通して，近似値や有効数字などを理解できたかを評価します。

この授業でのアクティブ・ラーニング

AL①　間違いに気付くことをきっかけに考え始める

正しいと考えていたことに揺さぶりをかけたことで，「どういうことだろう？」「違うのだろうか？」と疑問がわき，生徒たちは主体的に考え始めました。授業が進むと，「なるほど」という声が聞かれ，答えが間違っていることに気が付きますが，主体的に考え続ける姿勢は変わりませんでした。今まで正解だと思っていたことが間違っていることを知り，新たな知識を学んだことで，生徒にとって知的に楽しい授業になったようです。

AL②　誤答をもとに全体で話し合う

あえて生徒が考えた誤答を取り上げ（ただし，教師側が取り上げる），全体で話し合います。誤答を考えた生徒は，自分とは異なる意見があることで，自分の考えをもう一度考えようとします。また，間違っている理由を発表させることで，間違いに気付き，正答を追求しようとする姿勢が強くなります。

AL③　現実場面に用いられている例を通して考える

多くの生徒は，アルコール0％のノンアルコールビールにアルコールが入っているはずがないと考えます。日常の場面を問題として提示することで，生徒は興味をもって意欲的に考えようとする姿勢が見られました。　　（中本）

⑨ [第1学年] 資料の整理と活用「資料の傾向を調べる」

授業づくりのポイント

●**自ら資料作りに参加する**

　小学校では，度数分布表や柱状グラフといった本単元とほぼ同様の内容を学習しています。そのため，教師から与えられた資料よりも，実験を通して得た資料の方が，生徒は興味をもって資料の傾向を調べることに取り組むでしょう。また，問題を「紙きり名人は誰か」としたことで，学級全員の記録を調べることの必要感を高めることができます。

●**意図的な指名をして，活発な集団解決を演出する**

　個人思考の場面では，机間指導の中で生徒の考えを把握し，本時の目標を達成するために考えを意図的に取り上げることが大切です。この授業では，階級の幅や範囲などに気付かせるために，3つの考えを意図的に取り上げました。このように，活発な集団解決になるように授業者が計画することも大切です。

●**ネームカードを用いて，ヒストグラムを作らせる**

　身近にあるマグネットのついているネームカードは，授業の様々な場面で活用できる道具です。ネームカードの大きさに合わせて，階級の幅をとったグラフにネームカードを貼らせることで，右のように全員で作り上げるヒストグラムを簡単に完成させることができます。

授業計画 [12時間扱い]

　1．資料の整理　　　　　……7時間（本時は，第1時）
　2．資料の活用　　　　　……4時間
　　章の練習　　　　　　　……1時間

「本時の目標」と「問題」

本時の目標　実験で得た具体的な事象の資料を収集し，整理する方法を考えるとともに，表やグラフから様々な傾向を読み取ろうとする。

問題
紙テープの長さを測らずに10cmになるように切る。
紙切り名人は誰だろうか。

　この授業は，本単元の第1時であり，単元の扉としての役割を担う授業でもあります。そのため，単元の見通しをもたせることを考慮に入れ，目的に応じた適切で能率的な資料の集め方や，合理的な処理の仕方の必要性を感じさせることを目標としました。問題では，紙テープを10cmに切るという実験を行い，学級全員の実験結果を資料として活用します。また，10cmに一番近い記録を紙きり名人とするのではなく，範囲に着目させることで，学級全員分の資料を収集する必要性や，その傾向を読み取るために表やグラフを作ることの有効性に気付かせていくことができると考えました。

授業の流れ

(1) 実験させながら問題を提示する（10分）

　まず，実物の紙テープを提示し，学校祭などの装飾物を作成する場面などを想起させながら，「ものさしを使わずに10cmぴったりになるように切ってみよう」と問いかけます。30cmほどの紙テープを全員に配付し，感覚を頼りに切ることを強調し，実際にハサミで切らせます。切った紙テープの長さを測らせると，生徒相互で記録の情報交換が始まり，「すごい」「やるな」などと盛り上がることでしょう。その後，切った紙テープをノートに貼らせて記録を書かせます。この場面で「この学級の紙切り名人は誰だろうか」と投げかけ，問題を提示します。

(2) 生徒とのやりとりを通して課題を見いだす（5分）

　問題を提示すると，生徒から「10cmに一番近い人ではないか」といった考えが出されます。そこで，「名人と認定できる人はどのくらいいるだろうか」と問い返します。すると，「全員分の記録を調べる」「表を作って調べる」「グラフを作って調べる」「平均を求めて，平均以上の人を名人とする」などの考えが出されます。このような生徒とのやりとりを通して，「表を作って，学級の記録を整理しよう」という課題を設定します。

(3) 個人思考から集団解決に取り組ませる（20分）

　度数分布表を作ることを全体で確認し，表の概形を示して数分の個人思考の時間を設定します。すると，机間指導の中で生徒のノートから次のような考えを把握することができます。

（その1）		（その2）		（その3）	
0～1		7～8		7.5～8.0	
1～2		8～9		8.0～8.5	
2～3		9～10		8.5～9.0	
3～4		10～11		9.0～9.5	
4～5		11～12		9.5～10.0	
5～6				10.0～10.5	
6～7				10.5～11.0	
7～8				11.0～11.5	
8～9				11.5～12.0	
9～10					

　（その1）から（その3）の順で意図的に指名し，3つの表の数値のみを黒板に書かせます。「3つの考えをもとに，学級の記録を整理するための表を完成させよう」と発問し，表に必要な情報や問題点について考えさせます。すると，「（その1）のように，0～7cmまでは調べなくてもよいのではないか」という考えを皮切りに，「最小の記録と最大の記録を知りたい」「範囲は1cm刻みより，0.5cm刻みにした方がよいのではないか」などの考えがどんどん出されます。そこで，これらの考えを整理するとともに，階級の幅の以上や未満などの用語を確認しながら，学級の傾向を調べるための度数分布表を完成させていきます。その後，挙手をさせて度数を記入します。

(4) ネームカードを用いてヒストグラムを作る（8分）

　完成した表をもとに「グラフを作ってみよう」と問いかけます。ネ

ームカードを配付し，自分の記録の部分にカードを貼らせて完成させます。その後，「度数分布表やグラフから，どの範囲にいる人を紙切り名人としてよいか」と問いかけると，「9.5cmから10.5cmの範囲にいる人」と全員が納得して問題を解決することができました。また，度数分布表やグラフのよさについても考えさせました。

(5) **他の学級のヒストグラムと比較する**（7分）

他の学級（または過年度の学級）の授業で作成したヒストグラムの写真を大型TVに映します。「〇組は名人が多いけれど，1cmの幅でグラフを作っている」「最小と最大の範囲が違う」など，自分の学級のヒストグラムと比較しながら，資料の傾向について意欲的に読み取ることでしょう。

この授業でのアクティブ・ラーニング

AL①　実測，実験などの活動を行う

自分の感覚を頼りにして，紙テープを10cmに切るという操作的な活動に取り組みました。周囲の記録が気になり，よい雰囲気で記録を教え合ったり，学級全員の記録を調べる必要性を感じたりしていました。

AL②　複数の表やグラフを比較して考える

個人思考の際の机間指導で生徒の考えを把握し，（その1）から（その3）の3つの考えを意図的に取り上げました。3つの度数分布表を比較することで，生徒は自然な思考の流れで「範囲」「階級の幅」などの存在を見いだすことができていました。また，授業の最後の場面で他の学級のヒストグラムを提示しました。自分の学級の傾向と他の学級との違いについて意欲的に考えるとともに，「はずれ値」の存在に気付くこともできました。

AL③　全員が参加してヒストグラムを作る

ネームカードを用いて，全員でヒストグラムを作りました。カードを貼る階級に自信がもてない人を助けたり，階級の間違いを指摘し合ったりするなど，学び合う姿が見られました。

（菅原）

⑩ 第2学年 式と計算「多項式の計算」

授業づくりのポイント

●生徒と一緒に問題を完成させる

　計算方法を学ぶ際には「方法を確認して練習する」という授業になりがちです。しかし，工夫しだいで生徒に目的意識をもたせることができます。この授業では，「２人で食事をするが１人が支払う」という場面設定をして，生徒と一緒に問題を完成させます。題意をしっかりと理解できるため，一人一人が自分の考えをもつことができます。

●予想が分かれる問題を出題する

　代金の求め方が複数あることから，予想が分かれます。表し方は異なりますが，どれも同じ代金を表す式なので，「なぜだろう？」「正解は？」といった疑問が生まれます。

●問題と類題にずれを設けて思考を深めさせる

　定着をはかるための類題にも，生徒が「おや？」と思うような工夫を取り入れることで，考える必要性を導くことができます。この授業では，問題でxを含む項同士，yを含む項同士をまとめます。類題として「$5a^2 - 2a = \boxed{}$」を出すことで，生徒は問題との違いを考えることになります。

授業計画 [15時間扱い]

1．	単項式と多項式	……２時間
2．	多項式の計算	……３時間（本時は，第１時）
3．	多項式の乗法と除法	……２時間
4．	式の値	……２時間
5．	文字式の利用	……５時間
	章の練習	……１時間

「本時の目標」と「問題」

本時の目標　多項式同士の加法の意味を理解し，同類項をまとめる計算をすることができる。

問題

A先生とB先生が回転寿司で食事をします。寿司の料金は2種類でサイドメニューはすべて200円です。高い方を一皿 x 円，安い方を一皿 y 円とします。A先生がすべて支払うとして，代金を式で表そう。

これだけでは問題は完成しません。AやBに担任の先生や授業者の名前を入れて場面を思い浮かべさせ，生徒と一緒に皿の数を決めます。例えば，

・A先生　x 円を15皿，y 円を4皿
・B先生　x 円を3皿，y 円を10皿，サイドメニューを3つ

とします。このように，問題を生徒と一緒に作り上げることで，生徒は関心と親しみをもって問題に入り込むことができます。

授業の流れ

(1) **問題を提示し，生徒と一緒に条件を設定する**（7分）

「みなさんは回転寿司に行きますか？」のように，生徒に問いかけます。本時の問題は回転寿司の料金に関わることを伝えます。先生の名前を2人出しながら，「どちらの方がたくさん食べるでしょうか？」と聞きます。生徒の反応に答えながら，問題文を板書します。

A先生，B先生の具体的な数値は生徒と一緒に考えて決めていきます。サイドメニューはどちらか片方につけます。

(2) **予想させ，その確認をする**（8分）

問題が確定したら，題意を確認して個人で予想させ，ノートに書か

せます。机間指導をしながら、生徒がどのような式を作っているか把握します。全体に問いかける形で予想を取り上げ、それぞれの考え方を板書します。

ア　$15x + 4y + 3x + 10y + 600$（円）
イ　$(15x + 4y) + (3x + 10y + 600)$（円）
ウ　$x \times (15 + 3) + y \times (4 + 10) + 600$（円）
エ　$18x + 14y + 600$（円）

AL②

板書しながら、「同じ考えの人はいますか？」と問いかけ、反応を確かめます。出ていない予想があれば、「こういう式を作っていた人もいましたね」と補足して書き加えます。

(3) 「できるだけ簡単な式で」という条件を加える（8分）

板書した予想について、どの考えも間違いではないことを確認します。問題では「A先生がすべて支払う」ことを振り返り、ア〜エはすべて同じ金額を表していることに気付かせます。ここで、「『できるだけ簡単な式で』という条件が加わったらどうでしょうか？」と投げかけます。「簡単な式」の意味について質問があれば問い返し、「短い式」「計算できるところまで計算する」といったキーワードを引き出します。この条件では「エが正解なのでは？」と、生徒たちは考え始めます。

(4) 計算の意味と方法を整理する（12分）

イの式を取り上げる形で、条件に合うエの式への変形を行います。

$(15x + 4y) + (3x + 10y + 600)$　← A先生とB先生
$= 15x + 4y + 3x + 10y + 600$　←支払いは一緒なので
$= 15x + 3x + 4y + 10y + 600$　←同じ皿をそろえて
$= (15 + 3)x + (4 + 10)y + 600$　←枚数を数える
$= 18x + 14y + 600$　←これ以上はまとめられない

同じ文字を含む項を同類項と言い、同類項はまとめられることを指導します。今後は同類項をまとめた形で表すことも確認します。

(5) 類題で考えを深める（15分）

　練習として，同じような計算を2問ほど出題して解かせたあとで，「$5a^2 - 2a =$ 」と板書して，「これはどうなるのだろうか？」と問いかけます。時間はかけずに周りと考えを伝え合わせると，「計算できる」「計算できない」「わからない」に分かれます。できると考える生徒の多くは「$3a$ になる」と考えるので，a に10を代入させることで，生徒は間違いに気付きます。面積（m²）と長さ（m）は加えられないことと比較しながら，$5a^2$ と $2a$ は同類項ではなく，これ以上まとめられないことを確認します。

　次に，「$5a^2 - 2a + 4a^2 + a$」を出題して解かせ，正解を確かめて理解できたことを評価します。

AL③

この授業でのアクティブ・ラーニング

AL① 問題づくりに参加する

　「高い方の皿を多く食べるのはどちらの先生か？」など，生徒とやりとりをしながら数値を決めていきました。生徒は問題に引き込まれ，「これで高い方は18皿だ」「寿司は全部で22皿になった」「200円と100円なら全部で5600円！」などのつぶやきも聞こえました。

AL② 予想と理由を伝え合う

　この問題では，ほとんどの生徒が自分なりの予想をすることができ，発表される予想と理由によく耳を傾けました。自分の予想と比較することで，それぞれの式の意味や式に表すことのよさを意識することとなり，その後の展開につながりました。

AL③ 類題で問題との違いを考える

　類題として累乗の扱いを問う計算を出題しました。「同類項をまとめる」ことについて新たな課題を与えられ，生徒は再び考え始めました。このように，問題と「似て比なる」ものに取り組ませることで，生徒は授業の後半でも主体的な姿勢で授業に取り組むことができました。

(上村)

⑪ 第2学年 式と計算「文字式の利用」

授業づくりのポイント

●節の導入として，生徒が主体的に取り組みやすい問題を提示する

　文字式を用いた式で数量及び数量の関係をとらえて説明する学習では，説明の仕方を形式的に教えるのではなく，生徒が「考えてみたい！」と必要感をもって解決に取り組める問題を通して，文字を用いることの必要性と意味を理解させることが大切です。教科書比較をすると，奇数や偶数，倍数などの数の性質に重点をおいて扱っていることがわかります。しかし，奇数や偶数を文字で表すことを苦手としている生徒は，主体的に取り組みにくい傾向にあります。そこで，本時では，問題を視覚的にとらえ，直観的に結果を予想できる図形の性質を提示することにします。数の性質を説明する問題は，次時以降に扱います。

●問題の数値を工夫する

　直観的に予想したことと解決した結果を比べた際に，驚きや戸惑いなどを感じる方が，生徒は数学的に考えることのよさを実感できます。与える数値を吟味して，生徒が意外性を感じられるようにします。

●文字を用いて説明したことの意味を考える場面を設定する

　文字を用いて説明することにとどまるのではなく，その意味を実感させることが大切です。そこで，問題を極端な数値に変えた場合を考えさせたり，日常の事象に当てはめたりすることで，深い学びができるようにします。

授業計画［15時間扱い］

　1．式の計算　　　……9時間
　2．式の利用　　　……5時間（本時は，第1時）
　章の練習　　　　……1時間

「本時の目標」と「問題」

本時の目標　文字式を用いて，数量及び数量の関係を一般的に説明できることを理解する。

> **問題**
>
> 半径がそれぞれ2cm，4cm，8cm，10cmの円A，B，C，Dがある。
> AとBの円周の差と，CとDの円周の差はどちらが大きいだろうか。
>
>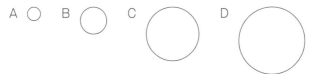

この授業では，数や図形の性質が成り立つことを説明するときに文字を用いる必要性を理解することを目標にしました。

問題は，円周の差の大小を比較する選択タイプの決定問題としました。直観的に予想した結果の正否を確かめることを通して，円周の差が一定になる関係を帰納によって発見的にとらえさせます。そして，その関係が一般的に成り立つことを明らかにする課題の解決過程を通して，文字を用いる必要性を理解させることを意図しています。

授業の流れ

(1) 問題を提示し予想させる（5分）

縮尺が正しい図を提示して，それぞれの半径を知らせます。そして，「円周の差はどちらが大きいだろうか」と発問して予想させます。半径が2倍の差であることからAとBの差の方が大きいと予想する生徒や，半径が長いほど円周も長くなることからCとDの差の方が大きいと予想する生徒，もしかすると差は等しいのではないかと予想する生徒に分かれます。予想の人数を確認して，問題のプリントを配付し，ノートに貼らせます。

(2) 個人思考に取り組ませてから集団で解決する（8分）

　「どちらが大きいか確かめよう」と発問して板書し，個人で考える時間を2，3分とり，机間指導で生徒の取り組みの様子を把握します。考えが進まない生徒が多い場合には，個人思考を中断させて「円周＝直径×円周率」で求められることやAの求め方などを全体で確認してから，再度個人思考に取り組ませます。その後，生徒とやりとりしながら，問題を解決していきます。それぞれの円周は，Aが4πcm，Bが8πcm，Cが16πcm，Dが20πcmであることから，差はどちらも4πcmで等しいことがわかります。異なる予想をしていた生徒からは，「えっ，同じなの？　どうして？」と驚きの声が上がります。

(3) 課題を明確にする（7分）

　集団解決の結果を見て，「半径の差がどちらも2cmだから，円周の差が等しいんじゃないかな？」と気付く生徒が出てきます。そこで，「他の半径でも円周の差は等しくなるだろうか」と発問して板書し，小さい円の半径を生徒自身に決めさせて計算に取り組ませます。いくつかの例を取り上げ，半径がいくつであってもその差が2cmであれば円周の差は変わらないことを帰納的にとらえさせます。続いて，「円周の差は必ず4πcmだろうか」と課題を板書します。

(4) 課題を解決する（10分）

　2分程度，個人で考えさせます。その際に，机間指導をしながら指名計画を立てます。考えが進まない生徒が多いときは，「おっ，半径を文字で表してみたんだね」とつぶやいて，考えるきっかけを周りの生徒に広げたり，全体に「困っていることは？」と問いかけ，文字を用いることですべての場合を表せることに気付かせたりするなど働きかけます。続いて，小さい方の円の半径を$r$cmとすると大きい方は$r+2$cmと表せることや，それぞれの円周が$2\pi r$cmと$2\pi(r+2)$cmになること，分配法則を用いてかっこをはずして差を求めると4πcmになることを，複数の生徒とやりとりしながら全体で確認していきます。

次に,「この結果からどんなことが言える?」と問いかけ,生徒の説明の様子から,円周の差が一定になることを理解できているかどうかを評価します。そして,「文字式を使えばすべての場合を一度に説明できる」ことを確認して,板書します。

(5) **確認問題に取り組ませる**(5分)

確認問題としてフラフープ(パイプ径2cm)の図を提示し,内側と外側の円周の差を考えさせます。大きな円でも,半径の差が等しければ円周の差は一定になることを理解できているかを評価します。

AL ③

(6) **学習した内容を振り返り,練習問題に取り組む**(15分)

円周の差の関係は,陸上競技のトラックに活用されていることを紹介します。そして,教科書の図形の性質を扱っている例題で文字を用いることの必要性と意味を振り返り,練習問題に取り組ませて習熟を図ります。

この授業でのアクティブ・ラーニング

AL① 予想したことを主体的に確かめる

異なる予想が生じる問題を提示したことによって,生徒は「確かめよう!」と結果に興味をもち,主体的に考え始めました。自力では解決できなかった生徒も集団解決に意欲的に臨む姿が見られました。

AL② 対話的な学びを通して課題を解決する

生徒の気付きやつまずきを共有したり,意図的に指名した複数の生徒とのやりとりを学級全体に広げながら計算過程を確認したりすることによって,対話的に考え合って課題を解決する様子が見られました。

AL③ 問題を解決して得られた結果の意味を考える

確認問題を提示して考えさせることによって,生徒は自分自身の理解の状況を実感することができました。また,はじめの【問題】と比較することによって,文字を用いた式を使って一般的に説明したことの意味を深い理解につなげることができました。

(角地)

⑫ 第2学年 連立方程式「2元1次方程式とその解の意味」

授業づくりのポイント

●考えてみたくなる問題を用意する

　生徒が考えることを楽しみながら取り組める問題を出題できれば，単元の学習にも弾みがつきます。連立方程式の導入となるこの授業では「お菓子の重さ」を題材としています。箱のデザインが違うだけで値段も大きさも同じですが，味や種類で内容量が異なります。「同じじゃないの？」と思いながらも生徒は「本当の重さ」が気になります。

●予想させて目的をもたせる

　この授業では個人で予想したあと，班ごとに1つの予想を立てます。「本当の重さを当てよう」という目的をもちながら考えを出し合い，他の考えに触れることで「当てはまる値はいくつもある」ことを実感します。生徒が主体的に考え続けられる流れを意図的に設けることが大切です。

●次時へ課題を残し，生徒の主体性を継続させる

　生徒の中には2元1次方程式と連立方程式の関係を整理できず，そのことがつまずきのきっかけになることもあります。この実践では，本時に2元1次方程式とその解の意味について学習し，本時と連動する形で，次の時間に連立方程式とその解の意味について学習します。本時における生徒の主体的な思考や互いに考え合う流れが，次の授業，ひいては単元を通して考え続ける姿勢につながると考えます。

授業計画［15時間扱い］

1. 連立方程式とその解　　……2時間（本時は，第1時）
2. 連立方程式の解き方　　……4時間
3. いろいろな連立方程式　……3時間

4．連立方程式の活用　　　……5時間
章の練習　　　　　　　　……1時間

「本時の目標」と「問題」

本時の目標　具体的な問題への取り組みを通して，2元1次方程式の意味やその解が一組に定まらない理由を理解する。

問題

値段も箱の大きさも同じで味の違うチョコレート菓子がある。
イチゴ味2箱とキャラメル味1箱の内容量の合計は78gであった。
それぞれ1箱ずつだと何gだろうか。

この問題は題意が理解しやすく，簡単に予想することができます。一方で「本当の重さは一組のはずなのに当てはまる値はいくつもある」ことから「なぜだろう？」「求め方や答えを知りたい」と考え，いつの間にか授業に入り込んでいきます。生徒の疑問を整理する形で2元1次方程式を定義付け，これまでの1元1次方程式との違いを学びます。

授業の流れ

(1) 問題を提示し個人で予想させる（8分）

単元名を板書し，ノートに書かせます。お菓子の実物（またはパッケージ）を提示して「どんな問題だと思う？」と質問し，生徒の質問に答えながら問題を板書していきます。

重さ（内容量）についての問題であることを全体で確認します。「同じじゃないの？」などの質問が出されますが，「その可能性もありますね」と答えて，まず個人で予想するように伝えます。各自の予想をノートに書かせ，書き終わった人同士で見せてもよいことを伝えます。

(2) 班ごとの予想を立てさせる（5分）

　多少ゲーム感覚にはなりますが，「当たった班にはご褒美があるかも」などと話しながら班ごとで予想を1つに絞らせます。この場面があることで，班の中でそれぞれの予想を伝え合うことになり，「本当の重さ」についての関心が高まります。

(3) 予想を出し合い，関係を整理する（17分）

　進み具合を確認しながら班ごとに予想と理由について発表させます。予想を板書し，理由のポイントについてもキーワードなどで短く表して書き添えます。

・同じ重さと考えてどちらも26g
・イチゴは軽いと考えて，イチゴ→24g，キャラメル→30g
・整数とは限らないと考えて小数第1位まで刻む。

　それぞれの意見に対する「なるほど」「そういう考えもあったのか」という反応を通して，あてはまる値がいくつもあることがわかっているのかを評価します。

　次に，ここまでの授業を振り返り，わかったことを整理します。

・2箱と1箱で78gという関係は決まっている。
・いろいろな場合が考えられるし，どれも条件に合っている。
・与えられた条件だけで，答えを特定できない。
・イチゴの重さを変えるとキャラメルの重さが変わってくる。
・関係は式に表すことができる。

(4) 2元1次方程式を定義する（10分）

　個人思考の際に式を作っていた生徒に式を発表させます。

・イチゴ1箱を x g，キャラメル1箱を y g とすると
$$2x + y = 78$$

　「未知数を含む等式」になっていることを確認し，1年生のときに学んだ方程式と比較させながら2元1次方程式の意味を確認します。

　その後，板書してある各班の予想が，どれもこの式に当てはまって

いることを確認します。「$x=4$，$y=70$」や「$x=-1$，$y=80$」などこの問題ではありえない組み合わせでも式を満たすことにも触れながら2元1次方程式の解とその意味について確認していきます。

(5) **学習した内容を振り返り，残された課題を確認する**（10分）

教科書の記述で本時の学習内容を振り返り，練習問題に取り組みます。取り組みや答え合わせの様子から理解できたかどうか評価します。

問題がまだ解決していないことから，「<u>本当の重さを求めるには何が知りたいですか？</u>」という質問をします。

「どちらかの重さ」「同じような組み合わせをもう1つ」「どちらの方が何g重いのか」などの意見が出されますが，解決は次の時間の課題とすることを伝えて授業を終えます。

この授業でのアクティブ・ラーニング

AL① 「何を考えるのか」を明らかにし，自分なりに予想する

生徒が主体的に考えるためには，向き合う問題の意味を明確に把握することが必要です。この授業では生徒が想定しやすい場面設定を行い，それぞれが一度自分なりに重さについて予想することで，何について問われているのかを実感することができました。

AL② 必要性をもちながら班で予想する

「班で話し合って予想を1つに絞る」取り組みを意図的に設けて，互いの予想とその理由を自分以外の生徒と伝え合う必要性を与えました。この取り組みによって，生徒は「いろいろな値の可能性がある」ことをより深く感じることができました。

AL③ 一組に決まらない解を決める方法について考える

予想の中に箱に書かれた内容量があることを伝えることで，その答えを「知りたい，確かめたい」という意欲が高まりました。「では，答えを知るためには他に何を知りたいですか？」と問うことで，これから学んでいく連立方程式の必要性を生徒から導くことができました。

（上村）

⑬ 第2学年 1次関数「グラフの特徴」

授業づくりのポイント

●提示する問題を工夫する

「仲間分けしよう」というタイプの問題は、生徒が様々な視点で仲間分けを考えるため、多様な考えを引き出すことのできる問題であると言えます。ただ、本時の目標を達成するためには、問題のグラフの本数や数値などを慎重に検討し、生徒が自然な思考の流れで仲間分けをして、理解を深められるように工夫することが大切です。

●ノートの交流をさせて、多様な見方や考え方に気付かせる

個人思考の場面では、生徒一人一人が多様な考え方に気付くための1つの手法として、ノートの交流があります。新たな考え方に気付くきっかけを与えることが目的ですので、前後左右などの近くの人に限定し、短時間でノートを見せ合い、再び個人思考に取り組ませることが有効です。

●問い返しをして、対話的な学びを促す

集団解決の場面においては、生徒から発表される考えが曖昧な表現であることもあります。そのような生徒の考えに対して適切に問い返しをして、本時の目標に迫る考えに気付かせたり、引き出したりすることが大切です。また、生徒の発言に対して問い返すことで、自然と教師と生徒、生徒と生徒の対話を生み出すことが期待できるでしょう。

授業計画 [20時間扱い]

1. 1次関数　　　　　　……11時間（本時は、第8時）
2. 1次関数と方程式　　……4時間
3. 1次関数の活用　　　……4時間
章の練習　　　　　　　……1時間

「本時の目標」と「問題」

本時の目標　グラフの仲間分けを通して，$y = ax + b$ の a や b は，グラフの傾きや切片を表していることを理解する。

問題

①〜④のグラフを
2つに仲間分けしよう。

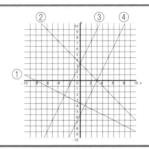

　この授業は，4つのグラフを2つに仲間分けすることを通して，グラフの傾きや切片などに着目させ，1次関数のグラフの特徴を見いだすことを目標にしました。また，仲間分けの根拠を話し合う場面では，4つのグラフの a や b の値を確認することで，グラフから式を求める方法についても指導することができます。問題では，生徒の予想される反応を想定するとともに，グラフの様々な特徴を見いだせるように，式の数値にこだわりました。また，生徒が考察を進める上で，グラフの数は4本が適切であると考えました。

授業の流れ

(1) 問題を提示し，個人思考に取り組ませる（8分）

　4つのグラフは，事前にグラフ黒板にかいておきます。授業では，まずグラフ黒板を示し，「4つのグラフの特徴に着目して，2つに仲間分けしよう」と問いかけ，問題文をシンプルに板書します。生徒には，グラフと問題文が書いてあるプリントを配付します。また，仲間分けの理由もノートに書くことを指示して個人思考に取り組ませます。多くの生徒が1つの仲間分けを考えた頃合いを見計らって，「いろいろな視点で仲間分けを考えよう」と投げかけます。この場面で，複数

の考えを記述している生徒に対して,「おっ！ 3つの仲間分けを考えているね。すごいぞ」などと,全体に聞こえる声で褒め,学級全体の知的好奇心を刺激します。また,前後左右の席の人のノートを見せ合うことを促すことで,生徒たちは多様な視点でグラフの特徴を考えていくでしょう。

(2) **生徒の考えを意図的に取り上げ,集団解決につなげる**（7分）

机間指導でノートを観察して,生徒の考えを把握します。すると,「（その1）①と②③④,（その2）①②と③④,（その3）②③と①④,（その4）②④と①③,（その5）②と①③④,（その6）③と①②④」などの考えがあります。そこで,本時の目標を達成するために,（その1）から（その4）の考えを書いている生徒に意図的に指名し,仲間分けの番号のみを板書させます。4つの考えが出揃った時点で,「4つの仲間分けの理由は何だろうか」と発問し,（その1）から順に考えを発表させていきます。

(3) **問い返しながら集団解決を活性化する**（28分）

仲間分けの理由については,挙手をさせてランダムに指名して取り上げていきます。（その1）に対しては,「傾きが分数のグラフと整数のグラフ」といった考えが出されます。そこで,「本当に傾きが分数と整数になるのか？」と問い返し,4つの式の傾きがそれぞれ①$-\frac{1}{2}$,②-1,③$2$,④$2$であることを確認します。続いて,（その2）に対しては,「右上がりのグラフと右下がりのグラフ」「傾きがプラスとマイナス」「グラフが平行のものと平行ではないもの」などの考えが数多く出されることでしょう。この場面でも,「本当に③と④は平行と言ってよいか？」と問い返し,先に求めている傾きの数値を根拠にしながら,グラフの特徴についてまとめていきます。続いて,（その3）に対しては,「y軸上で交わっているグラフと交わっていないグラフ」「$b>0$のグラフと$b<0$のグラフ」などの考えが出されます。ここでも,「切片の値も確認する必要があるね」と問いかけ,4つの

式の切片はそれぞれ①−4，②+3，③+3，④−6になることを確認します。また，この時点で4つの式が完成するので，グラフ黒板に記入していきます。最後に，（その4）に対しては，「x軸上で交わっているグラフと交わっていないグラフ」という考えが出されます。そこで，「<u>x軸上の値って何を表しているのかな？</u>」と問い返し，「x軸上切片」などの反応を大切にしながら，実際に②，④式に$x=3$を代入させて，$y=0$のときのxの値になることを確認します。

(4) **解決過程を振り返り，まとめを行う**（7分）

集団解決を通して見いだしたグラフの特徴について，式$y=ax+b$をもとに振り返りながらまとめていきます。また，教科書を開かせて，アンダーラインを引かせたり，教科書にあるグラフの式を求める問題に取り組ませたりして，理解の定着を図ります。

この授業でのアクティブ・ラーニング

AL①　ノートを交流し合って，多様な見方や考えに気付く

個人思考の場面において，前後左右の人とノートを見せ合って，考えを交流する場面を設定しました。グループにしないまでも，近くの人とノートを見せ合うことで，短時間でほぼ全員の生徒が2つ以上の仲間分けを考えることができていました。

AL②　他者との考えの比較を通して，理解を深める

集団解決では，仲間分けの理由について全員で考え合いました。（その2）の理由を考える場面では，多くの生徒が「右上がりのグラフと右下がりのグラフ」とノートに記述していました。そのため，違う見方の考えに対して，「なるほど，それも言えるなぁ」などのつぶやきが聞こえ，グラフの特徴の理解を深めている様子が窺えました。また，曖昧な考えに対しては，「本当に？」「例えば？」などと問い返しました。すると，生徒はよりわかりやすい表現で説明したり，式の数値を根拠に説明したりするなど，数学的に考える姿が数多く見られました。

（菅原）

⑭ 第2学年 平行と合同「多角形の外角の和」

授業づくりのポイント

●比較する図形を検討する

　教科書比較をすると，導入場面で外角の和を求めさせる問題を提示している教科書が多いことがわかります。ただし，提示する多角形は三角形と四角形だったり，五角形のみだったり，3種類すべてだったりと様々です。この授業では，三角形と四角形を提示することにします。図形の学習に苦手意識をもっている生徒であっても，角が少ない方が調べやすかったり，特殊化して正三角形と正方形で求めたりするなど考えやすくなるからです。また，単に外角の和を調べさせるのではなく，外角の和が大きい方を予想させることで，解決しようとする意欲を高めるようにします。

●伝え合ったり表現する活動を意図的に設定する

　本時の学習内容は，数学的な推論の必要性と意味及びその方法を理解させることに適しています。授業では，いくつかの多角形の外角の和を調べることを通して，n 角形の外角の和が360°であることを帰納的，類推的に予測させてから，演繹的に導いていく展開をとることができます。第2学年では，推論の過程を正確に，わかりやすく表現する能力を養うことが最終的なねらいです。しかし，この能力は段階的に高めていくものです。

　そこで，式を出してから表している数量を読み取ったり，説明をペアで伝え合ったりするなど，対話を通して考えを表現する活動を設定します。

授業計画 [18時間扱い]

　1．平行線と角　　　　　……9時間（本時は，第8時）
　2．合同と証明　　　　　……8時間
　章の練習　　　　　　　……1時間

「本時の目標」と「問題」

本時の目標　多角形の外角の和が360°で一定であることを理解する。

問題
三角形と四角形では，どちらの外角の和が大きいだろうか。

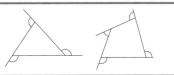

この授業では，多角形の外角の和を帰納的，類推的に予測してから演繹的に考えて，360°で一定であると理解することを目標にしました。そのあとで，本時の学習内容を生かして解決する練習問題に取り組ませます。

問題では，三角形と四角形の2つの多角形を提示します。外角の和の大小を問う選択タイプの問題とし，予想してからそれぞれの外角の和を求めさせ，その結果から他の多角形の外角の和も360°になるかどうか考えることが「課題」になるようにします。

授業の流れ

(1) **問題を提示し予想させる**（7分）

はじめに三角形の図だけを提示して，「外角の和」の意味を教えます。続いて四角形も提示して，「どちらの外角の和が大きいだろうか」と板書し，直観的に予想させます。「一つ一つの角が大きいから三角形」「角の数が多いから四角形」「もしかしたら同じではないか」と予想が分かれます。予想した人数を数えてから，問題を印刷したプリントを配付してノートに貼らせます。

(2) **三角形の外角の和を求めさせる**（8分）

「それぞれの外角の和を求めて確かめよう」と問いかけ，はじめに三角形の外角の和を求めることに取り組ませます。

個人思考の時間を2，3分とって机間指導し，生徒の取り組みの様子を把握します。分度器で測ったり紙を切って貼り合わせたりする生

徒がいれば，その考えを認め，「分度器で測っている人がいるよ」と全体につぶやいたり，「へぇ，正三角形で考えてみたんだね」と特殊化して考える方法を紹介したりして，考えが進まない生徒に働きかけます。集団解決では，実測や実験，特殊化の順に取り上げて外角の和は360°になりそうなことを確認します。これらの考えでは他の三角形の外角も必ず360°になるとは言い切れないことを押さえてから，内角の和を利用して$180° \times 3 - 180° = 360°$と求める考えを取り上げます。図と対比させて説明させ，三角形の外角の和は必ず360°になることを理解させます。

(3) **四角形の外角の和を求め，課題を明確にする**（8分）

次に，四角形の外角の和を求めさせます。多くの生徒は，三角形の場合の考えを生かして，内角の和を利用して求めようとします。実測や実験をしようとする生徒には，その意欲を認めつつ，「どんな四角形でも同じ大きさになると言えるかな？」と投げかけ，別の考え方をしてみるように促します。具体的な数値がなければ考えが進まない生徒には，正方形で考えてみるように働きかけます。集団解決では，三角形と同じように内角の和を利用して求められることと，どちらも360°になることを確認します。そのあと，「五角形や六角形の外角の和は何度だろう？」と問いかけると，「360°！」と元気よく答えが返ってきます。そこで，「他の多角形でも，外角の和は360°になることを説明しよう」と課題を設定し，板書します。

(4) **課題を解決する**（17分）

はじめは，個人で考えさせます。その際に，机間指導をしながら指名計画を立てます。考えが進まない生徒が多いときは，全体に「困っていることは？」と問いかけ，文字を用いてすべての場合を表せることに気付かせ，n角形として考えるように促します。それでも詰まっているなら，「五角形なら？」と具体で考えさせて，$180° \times 5 - 180° \times (5-2)$の式を引き出し，「では$n$角形なら？」と働きかけます。

集団解決では，指名した生徒に$180°×n-180°×(n-2)$の式を出させてから，(外角＋内角)の180°がn個あることや，分配法則でかっこをはずして計算すること，計算結果からすべての多角形は外角の和が360°であることなどを複数の生徒とやりとりしながら全体で確認していきます。そして，隣同士でペアを組んで説明し合わせ，筋道立てて表現する練習をさせるとともに，その様子から本時の目標の達成状況を評価します。最後に，数名の生徒に全体の中で説明させて，n角形の外角の和は360°であると板書します。

AL ③

(5) 学習した内容を振り返り，練習問題に取り組む（10分）

教科書を開いて学習内容を確認し，大事な部分にラインを引かせてから，練習問題に取り組ませて習熟を図ります。外角の和が一定であることを用いて問題を解決できているか評価も行います。

この授業でのアクティブ・ラーニング

AL① 主体的に問題を解決しようと試みる

角度を求める問題は，直観的に大きさをとらえたり，実測や実験で調べたりすることができるため，解決への意欲をもちやすいと言えます。机間指導において考えが進まない生徒に働きかけ，考える方法に気付かせることで，自分なりに解決しようと考え続ける姿が見られました。

AL② 本時の学習の過程でわかったことを用いて解決する

三角形の外角の和を集団で解決してから四角形の外角の和の個人思考に取り組ませることで，三角形では実測したり，考えが進まなかったりした生徒でも，四角形では内角の和を利用して考えることができました。

AL③ 対話的な学びを通して課題を解決する

解決できた生徒に一方的に説明させるのではなく，生徒の状況に応じて既習内容を振り返り，全体でやりとりしながら課題を解決することで，個人では解決できなかった生徒も自分の考えを広げたり深めたりすることができました。さらに，ペアでの伝え合いで理解を確かなものにできました。　　（角地）

⑮ 第2学年 三角形と四角形「平行線と面積」

授業づくりのポイント

●言語活動を充実させ数学的な表現を高める

2つの三角形の面積が等しくなる理由を説明し合う活動を通して，平行線と面積の関係をより深く理解できるようにします。相手に伝わるように「書くこと」「話すこと」，さらに相手の説明を「聞くこと」を通して，数学的に表現する力を高め，対話的な学びができるようにします。

●数学的に表現するよさを感じさせる

問題は，面積の大小を問う選択タイプです。予想させると，多くの生徒は見た目から自信をもって判断します。そこで，「本当？」「どうして？」と問いかけ，見た目では説明にならないことに気付かせ，数学的な表現を用いて説明することができるようにするとともに，そのよさを感じさせます。

●問題の解決を通して獲得した知識や考え方を活用させる

問題の解決を通して，数学的な知識や技能，考え方をどのように活用するかを学ぶことで，そのよさや活用する力が身に付きます。本時では，問題(1)の解決を通して獲得した知識や考え方を，問題(2)で活用する授業展開にしました。問題(2)の解決を通して，知識や考え方をどのように活用するかを考えることで，活用する力を身に付けさせます。

授業計画［20時間扱い］

1．二等辺三角形　　　　　　……4時間
2．正三角形と直角三角形　　　……4時間
3．四角形　　　　　　　　　　……9時間
4．平行線と面積　　　　　　　……2時間（本時は，第1時）
章の練習　　　　　　　　　　……1時間

「本時の目標」と「問題」

本時の目標 平行線と面積の関係を用いて，ある三角形と面積が等しい三角形を見つけるとともに，その根拠を数学的な表現を用いて説明することができる。

問題

(1) （右の図）△ABCと△A'BCで，面積が大きいのはどちらか。

(2) 平行四辺形ABCDでABを延長し点Eをとり，点C，Dと結ぶ。
△ABC，△BCD，△CDE 一番面積が大きいのはどれか。

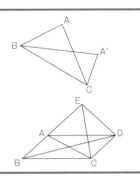

この授業では，ある三角形と面積が等しい三角形を見つけるにとどまらず，その根拠を数学的な表現を用いて説明することを目標にしています。問題(1)で，平行線と面積の関係を理解させ，問題(2)では，平行線と面積の関係を用いて，説明することができるようにします。

授業の流れ

(1) 問題(1)を提示して予想させる（3分）

問題(1)を生徒にプリントで配付し，テレビで図を映します。すぐに予想させると，全員が「△ABCの方が面積が大きい」と答えます。そこで，「本当に大きい？ どうして？」と問い，「見た目から」と答えるので，判断の根拠があいまいなことを気付かせます。その後，「△ABCの方が面積が大きいと言える理由を考え，説明しよう」と板書し，課題をノートに書かせます。

(2) 面積が大きい理由を発表させる（10分）

個人思考で3分程度考えさせると，2つの考えが出てきます。（そ

の1）の考えの生徒を指名して説明させます。疑問がないか聞き，疑問がなければ「△ABOが△A'COより大きいと言える理由は？」と全体に問いかけ，見た目が判断の根拠であることに気付かせます。次に，(その2)の考えを説明させることで，この考えのよさが際立ちます。

（その1）　△OBCは共通。
　　　　　△ABOと△A'COを比べ△ABOの方が大きい。
　　　　　よって△ABCの方が面積が大きい。
（その2）　底辺BCは共通。
　　　　　△ABCの高さの方が長い。
　　　　　よって△ABCの方が面積が大きい。

(3) 平行線と面積の関係を理解する（10分）

　ここで，「△ABCと面積が等しくなる△A'BCはいくつあるだろう？」と全体に問うと，生徒からは「1つ」「たくさん」などの声が聞こえます。そこで「△ABCと面積が等しくなるようなA'BCをできるだけ多くかきなさい」と発問し，3分程度考えさせます。

　（その2）の考えを利用して，△A'BCの高さを延長し，△ABCと同じ長さをA'にした生徒から発表させます。「他にA'を見つけた人は？」と問うと，図のようにたくさんのA'が見つかり，点Aを通りBCの平行線上にあれば面積が等しくなることを確認します。

(4) 問題(2)を提示し，面積が等しい理由を説明する（20分）

　問題(2)をプリントで配付し，テレビにも映します。すぐに予想させると「3つとも同じ面積」と答える生徒が一番多く，次に△ECDが多く，△ABCと△DBCはほとんどいませんでした。△ABCや△DBCを選ばなかった理由を問うと，「2つの面積は等しいから」と答えるので，なぜ面積が等しいと言えるか，隣同士でお互いに説明させる活動をさせます。まず，自分の理由をノートに書かせます。多くの生徒が，先の問題で学習した「底辺は共通である」「平行線の間の距

離は等しいので高さは等しい」を使っていました。次に，隣同士お互いに説明させます。最後に，生徒を指名して発表させ，簡潔にわかりやすく伝えるための説明を全体で確認します。

〈生徒の発表〉 底辺 BC は共通，AD//BC より高さは等しい。
したがって，△ABC ＝ △DBC

(5) ３つの面積が等しい理由を三段論法を使って説明する（７分）

次に「△ECD も同じ面積になるか？」を課題として提示し，△DBC ＝ △ECD となる理由を３分程度考えさせたあとに発表させます。先の考えを用いて，生徒は説明します。説明の様子やノートの観察を通して，平行線と面積の関係を正しく理解し，それを根拠にして説明することができているかを評価します。最後に３つの三角形が等しくなる理由を発表させ，「三段論法」について教えます。

〈生徒の発表〉 △ABC ＝ △DBC……①
△DBC ＝ △ECD……②
①，②より △ABC ＝ △DBC ＝ △ECD

この授業でのアクティブ・ラーニング

AL①　予想したことを主体的に説明する

全員が同じ予想をします。しかし，どのように説明すればよいか疑問をもたせることで，生徒同士で相談しながら，主体的に学ぶ姿勢が見られます。

AL②　隣同士で意見を伝え合う

ノートを見ながら，「＝」や「//」などの数学的な表現を使って説明し合う姿が見られます。自分の意見を相手に伝えることで理解が深まり，相手の意見を聞くことで，よりよい説明について考えることができます。

AL③　獲得した考え方を活用する

獲得した考えを活用する問題を設けることで，多くの生徒が意欲的に解決しようとする姿が見られます。また，活用するために今までの学習を振り返るので，理解がより確かなものになります。

(中本)

⑯ 第2学年 確率「確率の意味」

授業づくりのポイント

●シンプルな教具を作る

　教具は生徒の思考を始めるきっかけになることや，主体的に思考を進めることを促すことができるなど，適切に用いることで効果的なものです。ただ，日常の授業で扱うことを考えると，高価なものであったり，作成するのに時間がかかったりしては本末転倒です。例えば，折り紙1枚やA4の紙，割り箸1本などを用いるだけでも，教具として多くの場面で使用することができます。本実践では，使い古しの封筒と割り箸を用いておみくじを作りました。また，割りばしの先端に，赤，黄色，青などのシールを貼ることで，短時間で作成することが可能です。

●実験する必要感を高める

　教具や具体物を用いて活動（実験）させる際には，それを用いて「調べたい」「確かめてみたい」「考えてみたい」という解決への必要感を生徒の内面に醸成することが大切です。そのためには，解決すべき課題を生徒から見いだせるように導入を工夫します。実験の結果を予想することや問題を解決するための方法について生徒とやりとりをしながら明らかにしていくことで，実験する必要感が高まり，その後の主体的な活動につながると考えます。

授業計画［10時間扱い］

　1．確率の意味　　　　　……3時間（本時は，第2時）
　2．確率の求め方　　　　……2時間
　3．いろいろな確率　　　……4時間
　章の練習　　　　　　　……1時間

「本時の目標」と「問題」

本時の目標 多数回の試行の結果から，相対度数を計算して確率を求めることで，不確定な事象の起こりやすさの傾向を考察することができる。

問題

10本の棒が入っているおみくじがある。
大吉，吉，凶は，それぞれ何本ずつ入っているだろうか。

　この授業では，多数回の試行の結果から，相対度数を求めると一定の値に近づくという大数の法則による確率の考え方を活用して，具体的な事象の問題を解決することを目標にしました。問題は，大吉が3本，吉が5本，凶が2本入っているおみくじを題材としました。導入場面では，数名の生徒におみくじを引かせることで意欲を高めることができるでしょう。おみくじは教具として提示し，生徒が実験をする際にも使います。

授業の流れ

(1) **実験させながら問題を提示する**（6分）

　おみくじの話題をしながら，10本のおみくじが入った教具を提示します。その後，数名の生徒におみくじを引かせます。2回目を引く際には，引いたおみくじを封筒に戻して10本の状態で引くことを確認します。また，大げさに封筒を揺すって，おみくじを混ぜてから引くことも強調します。数回の実験をすると，「大吉だ！」「吉だった」「わぁ〜凶だ」などの反応が見られ，盛り上がることでしょう。封筒の中には大吉，吉，凶の3種類のおみくじが入っていることを伝えて，「それぞれ何本ずつ入っているだろうか？」と投げかけながら，問題を提示します。

(2) 解決すべき課題を明らかにする（7分）

　問題を提示すると，すぐに「袋の中身を見ないとわからない」「中身を見たらすぐにわかる」「どうやって調べるの？」などのつぶやきがあちこちで沸き起こります。これらの反応に対して，「今日は中身を見ないで調べる方法を考えます」と確認して，2人に1セット当たるように教具を配ります。中身を見ない，引いたらおみくじを封筒に戻して混ぜてから引くといったルールを再度確認して，隣同士でペアになって実験をさせます。「吉が多そうだ」「大吉もけっこうあるぞ」「凶は1本だけではないぞ」など，本数の傾向について考え始めます。多数回の実験の必要性を感じている様子を見計らって，「どうやったら本数を調べられますか？」と問いかけると，「たくさん実験したら調べられそう」という考えが出されます。そこで，「100回の実験をして，本数を調べよう」という課題を設定します。

(3) 実験をして答えの検討をつける（30分）

　正の字で記録することを確認して，実験に取り組ませます。実験が終了した班から，何本ずつ入っているのかについての考えをノートにまとめさせていきます。すべてのペアの実験が終わったタイミングで考えを発表させます。「100回中，大吉が23回，吉が55回，凶が12回だったので，四捨五入して大吉が2本，吉が7本，凶が1本」といった考えが出されます。おみくじが10本であることから，すぐに本数の検討がつくことを確認して，いくつかのペアに結果を発表させます。すると，「大吉3本，吉が5本，凶が2本」「大吉が2本，吉が6本，凶が2本」など，多少のばらつきが見られます。そこで，「答えを明らかにするためにはどうしたらよいか？」と問いかけます。「もっと実験をする」「実験をする時間がもうない」「全員の実験結果を合計する」などの考えが出されます。「実験結果を合計する」という考えをもとに，全ペアの実験結果を黒板に書かせて電卓で集計します。36人学級で18ペアであったならば，1800回分の実験になることを確認しま

す。相対度数を求めさせると，およそ大吉が0.31，吉が0.52，凶が0.17となり，3本，5本，2本になるのではないかという結論に到達します。最後に，封筒に入っているおみくじをすべて出して確認させると，「本当だ！」「当たってる！」など，達成感を味わっている様子が見られるでしょう。

(4) **実験の考察をする**（7分）

「今回の実験を通して，気づいたことは何か？」と投げかけて，実験の過程や結果についてノートに書かせます。すると，「実験の回数を多くするほど，答えに近づく」「確率を使って，本数を求めることができる」などの考えが出されます。大数の法則という用語と意味を紹介するとともに，「コインの表が出る確率は$\frac{1}{2}$と言ってよいか」といった練習問題に取り組ませて評価します。

AL③

この授業でのアクティブ・ラーニング

AL①　問題を明確に把握する

おみくじを引く場面を想起できる話題をしたり，教具を用いて数名におみくじを引かせたりしながら，段階的に問題を提示していきました。問題を明確に把握したことで，すぐに解決への疑問点や方法について周囲と話し合う姿が見られました。

AL②　必要感をもって実験に取り組む

生徒が自ら見いだした課題を解決するための実験であったため，意欲的に実験に取り組む姿が見られました。また，ペアの役割を明確にしたことで，はじめは1回ずつ記録していたものの，5回の実験後に記録するようになるなど，効率的な実験方法についても考え合いながら進めていました。

AL③　実験結果を振り返って考察する

授業の終盤では，実験の過程に着目させて振り返らせました。ほぼ全員の生徒が「実験の回数を増やせば増やすほど精度が高まる」といった考えに気付くことができており，本時の目標の達成につながりました。

(菅原)

⑰ 第3学年 多項式「式の展開」

授業づくりのポイント

●予想しやすい問題にする

　図を見ながら直観的に予想しやすい問題となっているため，全員が自分の予想をもつことができます。そして，自分の予想が正しいかどうかを確認したいと，興味・関心をもって授業に取り組みます。また，この問題を物語風に提示すると，生徒はそれが損か得かと意欲的に考え，自分なりに考えようとします。

●文字を使う必要性に気付かせる

　土地の面積を比べる際に，具体的な数値で考えることもできますが，「本当に，いつでも9m^{2}だけ小さくなるのか」と問いかけることで，文字を使う必要性に気付かせます。この必要性が，式の展開について主体的に学ぶことにつながります。

●既習事項と比較しながら考えさせる

　この授業を通して新たに乗法公式④「$(x + a)(x - a) = x^2 - a^2$」を学んだあと，練習問題で，既習事項の乗法公式と比較しながら展開の仕方を考えさせます。4つの乗法公式と練習問題の式を比較しながら，「この形のときは乗法公式の何番を使おう」と生徒は主体的に考えます。

授業計画［20時間扱い］

1．多項式の乗法と除法　　……9時間（本時は，第7時）
2．因数分解　　　　　　　……6時間
3．式の利用　　　　　　　……4時間
　章の練習　　　　　　　　……1時間

「本時の目標」と「問題」

本時の目標 $(x+a)(x-a)$ の展開の仕方を理解し，展開することができる。

問題

太郎君は，正方形の土地を持っている。次郎君が「その土地を縦に3m長く，横に3m短くした土地と交換しよう」と言っている。太郎君は得をするだろうか。

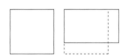

この授業では，面積図や既習の展開公式を利用して考える活動を通して，$(x+a)(x-a) = x^2 - a^2$ の展開の仕方を身に付けることを目標としています。この問題については，「得する」「損する」「同じ」のいずれかで，どの生徒も予想することができます。そして，予想を確かめるために，生徒は解決すべき目標をはっきりつかむことができるというよさがあります。

授業の流れ

(1) **問題を提示し，予想させる**（8分）

太郎君と次郎君が土地の交換を交渉するといった物語風に問題を提示します。「太郎君は得をするだろうか」という問題に対して，予想は「得する」「損する」「同じ」の3通りに分かれます。

挙手をさせて人数を確認しますが，この段階では理由を問わず，「自分の予想が正しいかどうか確かめてみよう」と発問し，個人思考に取り組ませます。

(2) **机間指導で生徒の考えを把握する**（10分）

机間指導で生徒のノートから取り組みの様子を把握すると，次のア，イ，ウのような3つの考えが見られます。

ア　具体的な数値で考える。

例えば，太郎君が6m×6mの土地なら面積36m^2
次郎君は9m×3mの土地となり面積27m^2
例えば，太郎君が10m×10mの土地なら面積100m^2
次郎君は13m×7mの土地となり面積91m^2

この授業を実際に行うと，「いつも9m^{2}だけ小さくなっている」ことに気付く生徒が出てきます。このことについては，集団解決の中で取り上げます。

イ　面積図を使って説明する。
　　▨ → 　減る部分の面積　　$3x$
　　▥ → 　増える部分の面積　$3(x-3) = 3x - 9$
増える部分の方が9m^{2}少ないので損をする。

ウ　面積を文字式で表して比較する。
　　正方形の土地の1辺の長さをxとすると，面積はx^2。長方形の面積は，$(x+3)(x-3)$となる。乗法公式①を用いて展開をした結果，$(x+3)(x-3) = x^2 + 3x - 3x - 9 = x^2 - 9$となるから，正方形の方が9m^{2}だけ広い。よって，損をする。

(3)　**集団で解決する**（17分）

生徒を指名し，はじめにアの考えを確認します。他の数値で計算した数名の生徒にも説明させると，どれも9m^{2}だけ小さくなっていると確認できます。「<u>本当に，いつでも9m^{2}だけ小さくなるのか</u>」と発問すると，「文字を使って考えたらいい」という生徒が出てきます。ここで，イのように面積図を用いて考える生徒や，ウのように面積を文字式で表して比較する生徒を指名して説明させます。

文字式で表して比較する説明の中で，「$(x+3)(x-3)$の展開の仕方を考えよう」ということを課題にして，$(x+3)(x-3)$を展開するとx^2-9になることを確認します。そして，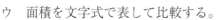$(x+a)(x-a)$ $= x^2 - a^2$の公式を導き，教科書を開かせて乗法公式④としてまとめます。

⑷ 練習問題に取り組ませる（15分）

　これまで学んできた乗法公式も使う，次のような練習問題に取り組ませて定着を図ります。

【練習問題】　次の式を展開しなさい。

　　①$(x+5)(x-5)$　　②$(x-4)^2$　　　　③$(x+1)(x+7)$
　　④$(a+6)^2$　　　　⑤$(x-8)(x+8)$　　⑥$(3+x)(x-3)$

　なお，④のように，x ではなく a となっている問題や，⑥のように $(3+x)(x-3)=(x+3)(x-3)$ と式を変形する問題にも触れ，展開について理解を一層深めます。生徒のノートを観察し，$(x+a)(x-a)$ の展開の仕方を理解し，展開することができるかどうかを評価します。

AL③

この授業でのアクティブ・ラーニング

AL① 予想することで意欲が高まる

　この問題の予想は，誰もがしやすく，さらに予想が正しいかどうかはっきりさせたいという意欲につながります。この授業では，自分の予想が正しいかどうかを確認していき，課題を解決するまで学習意欲が継続し，考え方の追究が続きました。

AL② 文字を使う必要性が課題追究につながる

　問題を与えられたときには，具体的な数値で考える生徒が多いですが，授業の後半になってくると，「どんな数値でも対応できる」「文字を使うと簡潔で計算しやすい」ということを実感していました。文字を使うことの必要性が，$(x+a)(x-a)$ の展開の仕方を考える課題追究につながりました。

AL③ 練習問題を通して理解を一層深める

　乗法公式④を使う展開だけではなく，既習の乗法公式も使う練習問題を6題扱いました。4つの乗法公式のどれを使って展開するのかを考える中で，展開の仕方についての理解を一層深めることができます。

（那須）

⑱ 第3学年 平方根「平方根の乗法」

授業づくりのポイント

●既習事項を活用して問題を解決できるようにする

　この単元では，前半に「$(\pm\sqrt{a})^2 = a$」などの平方根の意味について学習します。後半で登場する計算では，「$\sqrt{a} \times \sqrt{b} = \sqrt{ab}$」や「$\sqrt{a}$の形を$a\sqrt{b}$の形に変形すること」など，乗法から学習していきます。このような単元の指導の流れを把握し，生徒が学習したことを活用して問題を解決していけるような指導過程を工夫する必要があります。そのためには，多様な考えが出されるように式の数値などを検討しながら問題を作成することが大切です。

●計算の方法についてわかりやすく説明させる

　集団解決の場面では，生徒の考えを黒板に書かせるだけでなく，計算の方法について考え合ったり，全員が納得するまでわかりやすさを追究して説明し合ったりする活動に取り組ませていきます。また，生徒から取り上げた考え方のポイントを板書し，生徒の思考過程を整理していきます。

●本時の目標と関連付いた練習問題を提示する

　教科書にある練習問題に取り組ませるだけでなく，数値や式などを工夫し，どの方法で計算するのが効率的であるかを考えさせます。このように，本時の学習を振り返ることのできる練習問題を提示することで，確かな理解が伴った深い学びにつながります。

授業計画［16時間扱い］

1．平方根　　　　　　……6時間
2．平方根の計算　　　……7時間（本時は，第4時）
3．平方根の活用　　　……2時間
章の練習　　　　　　……1時間

「本時の目標」と「問題」

本時の目標 既習内容を活用して，平方根の乗法を効率的に計算することができる。

問題
$\sqrt{12} \times \sqrt{63}$ の計算について，2人は次のように考えている。
　A君 「まずは$\sqrt{}$ の中の数をかけてみるよ」
　Bさん「私はA君と違う考えで計算するわ」
2人はどのように計算したのだろうか。

前時までには，「$\sqrt{a} \times \sqrt{b} = \sqrt{ab}$」や「$\sqrt{a}$の形を$a\sqrt{b}$の形に変形すること」などを学習しています。この授業では，既習事項を活用して考え合いながら，平方根の乗法について学んでいきます。

問題は「計算してみよう」と投げかけるのではなく，会話形式を取り入れました。A君の考えのように，「かけてから$a\sqrt{b}$の形に変形すること」という方法で全員が計算することで，Bさんの考え方のよさが際立ち，効率的に計算するという本時の目標に迫ることができると考えました。

授業の流れ

(1) 問題を提示し，個人思考に取り組ませる（10分）

まず，$\sqrt{2} \times \sqrt{5}$ や $\sqrt{3} \times \sqrt{6}$ などの既習の計算を提示し，生徒とやりとりをしながら確認します。この流れで本時の問題を板書し，「A君の方法から計算してみよう」と投げかけて個人思考に取り組ませます。すると，すぐに $\sqrt{12} \times \sqrt{63} = \sqrt{756}$ と計算し，ノートの隅で右のように素因数分解をして，$a\sqrt{b}$ の形に変形する様子が見られます。多くの生徒が答えに辿り着いたところで，A君の方法を黒板に書かせて，計算の過程について確認します。その後，「Bさんはどのように計算したのだろうか？」と発問し，

再び個人思考に取り組ませます。

(2) **机間指導で生徒の考えを把握する**（7分）

机間指導で生徒の取り組みの様子をノートから把握すると，次の2つの考えが見られます。

ア　$\sqrt{12} \times \sqrt{63} = 2\sqrt{3} \times 3\sqrt{7} = 6\sqrt{21}$
イ　$\sqrt{12} \times \sqrt{63} = (\sqrt{3} \times \sqrt{4}) \times (\sqrt{3} \times \sqrt{21}) = 2 \times 3 \times \sqrt{21} = 6\sqrt{21}$

ほとんどの生徒はアの方法で計算しており，数名がイの方法で計算していることも把握します。そこで，机間指導の際に「2つの考え方があるようですよ」と教師がつぶやき，多様な考えの存在に気付かせます。

(3) **集団で解決する**（20分）

意図的に指名して，アの考えから取り上げて黒板に書かせます。この場面では，計算の過程に着目させて，「なぜ，2と3をかけられるのか？」と問い返し，計算の意味について確認していきます。生徒からは，「$2\sqrt{3}$の2と$\sqrt{3}$の間には×があるから」「交換法則で$2 \times 3 \times \sqrt{3} \times \sqrt{7}$となる」などの考えが出されます。「$a\sqrt{b}$の形にしてから計算する」と考え方のポイントを色チョークで板書し，整理します。続いて，「他の考え方で計算できた人は手を挙げてください」と投げかけ，イの考えを黒板に書かせます。この考えは少数派であることが多く，計算の仕方について悩んでいる表情をしている生徒が見られます。そこで，「この計算の方法が理解できた人は？」と挙手をさせます。全員が納得するまで，数名の生徒に繰り返し説明させていきます。この場面においても，「この考え方のポイントを簡単にまとめるとどうなるだろうか？」と問いかけ，「同じ√をかけて整数にする」「共通因数を見つけて整数にする」など，生徒の表現を大切にして考え方のポイントを板書します。また，既習事項を活用していることを褒めることで，生徒の意欲を高めていきます。

AL
②

(4) **計算の仕方を確認する**（5分）

これまでの解決過程を振り返り，「どの方法が一番よいだろうか？」

と発問し，挙手をさせて人数を確認します。A君の方法に賛同する生徒はほとんどいません。一方で，Bさんのアの方法が一番多く，イの方法にも数名の生徒が賛同します。アとイに挙手した生徒に理由を発表させて，効率的に計算することのよさについて確認します。

(5) **練習問題に取り組ませる**（8分）

意図的に①$\sqrt{15}\times\sqrt{21}$，②$\sqrt{20}\times\sqrt{18}$の計算を提示します。すぐに計算させるのではなく，「どの方法で計算するか？」と問いかけて，考えさせます。隣同士のペアで考えさせてもよいでしょう。式の数値を見て計算の方法を判断することの大切さを伝え，教科書の練習問題に取り組ませて評価します。

この授業でのアクティブ・ラーニング

AL① 違う計算の方法を主体的に考える

問題提示の場面では，A君の考えをもとに全員に2つの数をかけてから，素因数分解などをして$a\sqrt{b}$の形にするという計算を経験させました。やや大変な計算ですが，1つの方法で問題を解決して答えを確認することで，違う方法について主体的に考えていました。

AL② 計算の過程の意味を考える

集団解決の場面で考えを取り上げる際には，1人の生徒にすべてを説明させるのではなく，「どのように考えて計算しているのか？」などと問いかけて，計算の過程について学級全体で考え合いました。また，考え方を簡潔に表現させたことで，計算の過程を振り返りつつ確かに理解した様子でした。

AL③ 計算の仕方について話し合う

授業で扱った問題と関連した練習問題を提示しました。すぐに計算させるのではなく，授業で出された多様な考えのどの方法を用いると効率的に計算できるのかについて考えさせました。また，「なぜその考えを選択したのか？」と問いかけて，隣同士で話し合わせたことで，式の数値を根拠に意欲的に説明していました。

（菅原）

⑲ 第3学年 2次方程式 「2次方程式の解き方」

授業づくりのポイント

●解き方を選択させることで必要感をもたせる

　2次方程式の解き方については，因数分解や平方根を使った解き方，平方の形に変形する平方完成の解き方，解の公式を使った解き方など，いろいろな計算の仕方を学習します。そのまとめとして行う「どの方法で2次方程式を解くか」という授業を通して，解き方を選択する必要感をもたせます。この授業では，2次方程式の式の形や数値に注目することで，効率的に計算できることに気付き，それぞれのよさを感得させることをねらいとします。

●意見の取り上げ方を工夫する

　個人思考や集団解決の場面では，既習事項を利用して，効率的に計算できるような問題を提示します。それにより，「もっと簡単に計算する方法を知りたい」「自分の解き方を周りに教えたい」という意欲を高め，活発な集団解決になるようにします。生徒の意見の取り上げ方を工夫し，効率的な計算方法について理解を深めていきます。

●自分なりの思考の流れを整理させる

　練習問題に取り組むことで，2次方程式の解き方を自分なりに整理させていきます。計算の得意不得意もあるので，2次方程式の解き方のどの方法が正しいと決める必要はありません。自分に合った方法や考え方の道筋を確認することで一層定着度が増すでしょう。

授業計画 [12時間扱い]

1．2次方程式とその解き方　……8時間（本時は，第6時）
2．2次方程式の利用　　　　　……3時間
章の練習　　　　　　　　　　　……1時間

「本時の目標」と「問題」

本時の目標 2次方程式に応じて，2次方程式の解き方を工夫することができる。

問題

次の①〜④で，あなたはどの2次方程式を解の公式を使って解きますか。
① $x^2 - x - 72 = 0$　　② $2x^2 - 3x + 1 = 0$
③ $4x^2 = 9$　　　　　　④ $x^2 - 6x + 7 = 0$

この授業では，問題によって2次方程式の解き方を工夫することで，効率的に計算することができることを理解させます。問題で扱う方程式は，すべて既習の解き方で解を求めることができ，さらにいろいろな方法を用いることができます。多様な解き方を取り上げることで，よりよい方法について考えることができ，より効率的な方法について考えさせていきます。

授業の流れ

(1) 問題を提示し，個人思考に取り組ませる（5分）

4つの2次方程式を板書し，「どの方程式を解の公式を使って解きますか？」と問いかけながら問題を提示します。1分程度考えさせたあと，解の公式を使って解こうと思う式を発表させます。あるクラスでは，「①③は使わない」「②は使う」と答える生徒が多く，④は半々に分かれました。

「それぞれの方程式を解いて，解の公式を使う（使わない）理由を考えよう」という課題を提示し，解きたい方程式から解かせます。

(2) 机間指導で生徒の考えを把握する（8分）

机間指導の際には，「平方根の考えを使った人がいるね」「因数分解の考えを使っているね」などと教師がつぶやくことで，工夫して計算する方法を考える生徒が増えるでしょう。

AL ①

(3) **集団で解決する**（17分）

①から順に考えを取り上げていくと，次のような理由が出されます。

> ①は因数分解が簡単にできる。③は平方根の考え方でできる。因数分解の考え方でもできる。②は解の公式を使った方がよい。難しいが，発見できれば因数分解の考え方でもできる。④は解の公式を使った方がよい。また，平方完成の考え方でもできる。

AL②

(4) **計算の仕方を確認する**（5分）

<u>「解の公式を使う決め手は何か」</u>と問いかけると，次のような考えが出されます。

- x^2の項に因数があるかないか（xの係数が偶数なら平方完成が簡単）
- 共通因数があるかないか　　・乗法公式が使えないか
- 平方根の考えが使えないか

「いつでも解の公式を使う」という考えも認めつつ，2次方程式に応じて解き方を工夫していくことが大切であることを確認します。

(5) **自分なりのまとめを考える**（3分）

2次方程式の問題の解き方について，自分なりのまとめを行います。何人かに指名して自分の考えを発表させますが，ここでは，どの解き方が正しいと決めつけず，どの解き方であっても，その生徒の考えとして認めていきます。そのとき，次の2点を押さえます。

- 平方根や因数分解の考えを使うことができる場合は，簡単に方程式を解くことができる。
- 解の公式を使うと，どの問題も必ず解くことができる。

(6) **練習問題に取り組ませる**（12分）

教科書にある次のような問題に取り組ませて，生徒同士で解き方を確認しながら定着を図ります。

① $x^2 + 3x - 6 = 0$　　② $4x^2 + 12x + 9 = 0$
③ $3x^2 - 3x - 18 = 0$　　④ $2x^2 + 6x - 4 = 0$

④の問題は共通因数をくくり出しても因数分解できない方程式であり，$x = \dfrac{-6 \pm 2\sqrt{17}}{4} = \dfrac{-3 \pm \sqrt{17}}{2}$と約分して答えることを確認します。また，両辺を2で割ってから解の公式を使う解き方も取り上げます。

生徒の説明の様子やノートへの記述，計算し合う様子の観察を通して，2次方程式の解き方を工夫して計算しているかどうかを評価します。

この授業でのアクティブ・ラーニング

AL①　問題について自分なりに考える

問題提示の場面では，解の公式を使って解く方程式を予想させます。それと同時に，既習の内容を思い出させ，より効率的な方法について考えさせます。教師が，「因数分解で解いているね」「平方根の考えの人もいるね」「解の公式が多いかな」など考え方を紹介することで，主体的に考え始めていました。

AL②　考えをわかりやすく伝え合う

集団解決の場面では，考えを取り上げる順番が大切です。この授業では，大多数の解き方から取り上げていきました。しかし，少数派の効率のよい解き方をしている生徒を紹介して考えを説明させると，「おぉ～」とか「それは考えつかなかった」などの反応がありました。いろいろな側面から考え合うことで，式の数値に着目するなど，効率的な解き方について理解を深めていました。

AL③　練習問題で確認する

2次方程式に対する自分なりの考えをまとめたあとに，練習問題で確認することで学習内容がより深まります。ここでは，隣の席の人と「こうした方がいいかな」「この方法を発見した」などとお互いに意見を伝えながら進めていきました。

（那須）

⑳ 第3学年 2次方程式 「2次方程式の利用」

授業づくりのポイント

●生徒の実態に応じて問題をアレンジする

　この授業は，「握手の回数の合計を求める問題」をもとに考えました。実演できて考えるのが楽しそうな問題ですが，「自分が指導している生徒には難しいのでは」という印象をもちました。理由は2つで，「握手は終わると目に見えなくなること」「人数×（人数−1）÷2と最後に2で割らなくてはならないこと」でした。「自己紹介カードの交換」にアレンジすることで，この点の解消を図りました。生徒の実態に応じたこの工夫によって，多くの生徒が考え続けられる授業になります。

●実験により問題の把握を助ける

　授業では生徒が互いに「自己紹介カード」を交換する場面を設けました。これにより，「自分が自分以外の人に渡す」「自分と同じように他の人もカードを渡す」ことを実感させます。

●「わかる」場面を前半でも感じさせる

　この授業では，前半に考えやすい設問を設けています。「利用」というだけで身構える生徒は「やってもわからない」と思っています。はじめから関係を方程式に表せる生徒は多くはありません。やってみて「わかる」場面を意図的に設けることで，生徒の意欲を引き出すことが大切です。

授業計画［16時間扱い］

　1．2次方程式　　　　　　……2時間
　2．2次方程式の計算　　　　……8時間
　3．2次方程式の利用　　　　……5時間（本時は，第1時）
　章の練習　　　　　　　　　……1時間

「本時の目標」と「問題」

本時の目標 具体的な事象の中に数量関係を見いだし，2次方程式を利用して解決することができる。

問題

> ある集まりで自己紹介カードを交換する。使われるカードの合計枚数を考えよう。

参加者が2人のときは，互いに1枚ずつ使うので2枚が必要なことを確認し，
(1) 3人のときは何枚必要か？
(2) 4人のときは何枚必要か？
(3) x人のときの枚数は？
(4) 110枚使われたとき，参加者は何人だろうか？

の順で出題します。スモールステップにして，わかることから考え始めることで「やってみよう」「私にも考えられるかも」という気持ちを引き出します。

授業の流れ

(1) 問題を提示し，実演によって題意を確認させる（8分）

問題文を板書し，「例えばどんな集まりかな？」と問いかけます。生徒の反応に答えながら，「名刺を交換するような感じで」と補足します。生徒に名刺サイズに切ったカードを渡し，自己紹介カードを2枚書かせます。「2人の場合はどうなるかやってみよう」と伝え，生徒2人に黒板の前で実演させます。ともに1枚ずつ，2枚のカードが，使われたことを確認します。

(2) 3人，4人の場合について考えさせる（12分）

「3人が参加した場合を予想してみましょう」と伝え，「3人のときは何枚必要か」と板書して個人思考を促します。予想をノートに書か

せたあとで、席が近くの3人で実際にカード交換をさせます。各自が自分以外の2人に1枚ずつ渡すので、2枚×3人で合計6枚必要なことがわかります。「予想が当たっていた人は？」と聞くと、たくさんの手が挙がります。

同様に「4人が参加した場合は？」と問いかけ、板書します。「今度は実際にやらずに考えてみよう」と伝えて、個人思考の場を設けます。少し間をおいて、近くの生徒同士で考えや予想を話し合わせます。机間指導の際に指名する生徒を決めておき、次の2つの考えを取り上げます。

・カードを3枚渡す人が4人いるので、3枚×4人＝12枚
・四角形状に4つの点をとり、点と点を線で結んで本数を数える
正解を確認し、予想が当たっていた生徒に挙手をさせます。

AL②

(3) x 人の場合を式で表す（10分）

「参加者の人数とカードの合計枚数の関係を整理するため」として「x 人のときの枚数を式で表そう」と発問します。1人では考えられない生徒がいることも考えて、予想の段階から生徒同士の話し合いを促します。この際、3人、4人の場合の求め方を振り返らせることが大切です。予想がある程度進んだところで、生徒とやりとりをしながら式を確認します。「カードを○枚渡す人が□人いる」という考えから、

・$(x-1)$ 枚渡す人が x 人いるので、$(x-1)\times x$（枚）
・さらに×を省略して $x(x-1)$ 枚

といった答えが出されます。3人、4人の場合と比べながら、正解であることを確かめます。

(4) **110枚使われたときの人数を求める**（10分）

x 人の場合の枚数を式で表したあとで「110枚のカードが使われたとき、参加者は何人だったでしょうか？」と板書します。直観的に「10枚渡す人が11人いる」と思いつく生徒もいますが、「x 人として関係を式に表そう」と伝えて取り組ませます。x 人の場合の枚数の式を

使って「$x(x-1)=110$」という式が導かれます。x を求めるためにこの2次方程式を解き，「$x=-10$, $x=11$」を得ます。どちらの解も方程式を満たしますが，問題の答えになり得るのは11人であり，11人参加の場合に110枚使われることを確かめます。

(5) 類題で定着を図る（10分）

練習として，「連続する2つの整数がある。それぞれの2乗の和が61のとき，2つの数を求めよう」のようなタイプの類題を出します。この類題に取り組ませて考え方を確認し，2次方程式を利用して解決することができるかどうか評価します。

AL③

この授業でのアクティブ・ラーニング

AL① 目で見て数えて，実感しながら確認する

この授業では，2人の場合について代表生徒に実演をさせ，3人の場合については全員がカードを渡し合う体験をさせました。実演は毎回できることではありませんが，生徒は自分の予想した答えや考え方について，実感を伴いながら納得している様子でした。

AL② スモールステップを通して考える

はじめから問題文にある関係をつかんで方程式に表すことができればよいのですが，すぐにできる生徒は限られます。意図的にスモールステップで行う授業があってよいと考えます。実際，この授業では，2人，3人，4人と段階を踏みながら考えることで，そこで見いだした関係や方法を一般化の際に活用する姿が見られました。練習に取り組む際にも，具体例から関係をつかみ，解決につなぐ生徒も見られました。

AL③ 解が題意に適するかを確かめ合う

方程式の解は2つあるのに，なぜ問題の答えにならない解があるのかということについて考え，伝え合う場を設けることで理解が深まります。練習として扱う問題は，条件によって答えが2組になったり，1組しかなかったりするものを意図的に扱うのがよいでしょう。

(上村)

㉑ 第3学年 関数「変化の割合の意味」

授業づくりのポイント

●生徒が興味をもちやすい具体的な事象を問題として扱う

　関数は，具体的な事象や場面との関わりの中で学習することが大切です。教科書比較をすると，変化の割合の意味を学習する場面では，ボールが自由落下したり，斜面を転がったりする際の平均の速さが具体的な事象として取り上げられていることがわかります。しかし，これらの事象は生徒にとって身近なものとは言い難く，第3学年の理科で学ぶものの，数学よりもあとの時期の学習内容になっています。したがって，そのまま出題しても実感をもって考えにくく，主体的な学びにつながりにくいと思われます。

　そこで，生徒がイメージをもちやすいように，有名な高所からボールを落としたときに地上に到達するまでにかかる時間を求めることをきっかけとして，速さに目を向けさせて変化の割合の意味をとらえさせたいと考えました。

●得られた結果を現実的な場面と結び付けてとらえ直す時間を設定する

　秒速や時速は数値が上がるほど速いことはわかっても，どの程度の速さなのかはとらえにくいものです。そこで，100m走に何秒かかるかなど身近な尺度でとらえさせ，速さを実感できるようにします。

　また，求めた瞬間の速さをもとにして，高所からの落下物の危険性など，現実的な場面との関連についても考えさせます。

授業計画 [15時間扱い]

1．関数 $y = ax^2$　　　　　……10時間（本時は，第9時）
2．関数 $y = ax^2$ の活用　……3時間
3．いろいろな関数　　　　……1時間
章の練習　　　　　　　　……1時間

「本時の目標」と「問題」

本時の目標 具体的な事象における $y = ax^2$ の変化の割合の意味を理解する。

問題
東京スカイツリーの先端から野球ボールを落としたとしたら，何秒で地上に到達するだろうか。

この授業では，具体的な事象における速さを考えることを通して，$y = ax^2$ の変化の割合の意味を深く理解することを目標にしました。

問題は，ボールが落ちる時間を求める求答タイプの決定問題としました。関数の式を用いることで問題は解決できますが，生徒とのやりとりを通してボールの落下速度に関心をもたせ，それを求めることが課題となるようにします。そして，平均の速さや瞬間の速さを考察する中で，変化の割合の意味をとらえさせていくことを意図しています。

授業の流れ

(1) 問題を提示し予想させる (10分)

はじめに，教室内で手に持ったボールを2mくらいの高さから床に落とすと何秒かかるかを予想させます。演示して約0.5秒であることを確かめてから，東京スカイツリーの写真を提示して問題を説明します。生徒とのやりとりを通して，高さは634mで，その先端から落とすことや，空気抵抗などは考えないなど条件を整理していきます。それから「何秒だろう？」と予想させると，「1分くらいかな」「30秒くらい？」というような反応が返ってきます。ここで，x 秒で y m 落下するとしたとき，x と y の間には，およそ $y = 5x^2$ の関係があることを伝え，時間を求めさせます。$x ≒ 11.3$ から，約11.3秒という結果を見て，「そんなに速く落ちるの!?」と驚きの声が上がります。なお，計算する際には，電卓を使用してもよいこととします。

(2) 個人思考に取り組ませてから集団で解決する（8分）

　問題は解決されましたが，「ものすごいスピードなんだね！　地面にぶつかるときは時速何kmくらいなのだろう？」と発問し，落下速度について考えるように働きかけます。速さを問うときには，秒速よりも時速の方が車や野球の球速などでなじみがあるため，直観的に予想しやすいようです。「時速150kmくらい？」などと予想させてから，個人思考に1，2分取り組ませます。多くの生徒が「速さ＝距離÷時間」の関係から，634÷11.3を計算しようとします。そして，およそ秒速56mであり，換算するとおよそ時速200kmとなることを確認します。その速さの感覚がわからない生徒には，「50m走を1秒かからずに走るスピードだよ」と伝えると，「それは速い！」と驚きます。

(3) 課題を明確にする（7分）

　そこで，「本当にこの速さで地面にぶつかるのかな？」と問い返します。生徒とのやりとりを通して，これは平均の速さであることを確認します。そして，はじめは遅くても次第に速くなっていくからこそ11.3秒で地面にぶつかることに気付かせ，「どんどん速くなっていくことを確かめよう」という課題を設定します。

(4) 課題を解決する（15分）

　まず，個人で考えさせます。その際に，机間指導をしながら指名計画を立てます。考えが進まない生徒が多いときは，「おっ，表を見て速さを調べているんだね」などとつぶやいて，周りの生徒に働きかけます。集団解決では，生徒を指名しながら0～1秒では秒速5m，1～2秒では秒速15mであることを求め，時間が経つとともに速さが増していくことを明らかにします。そして，生徒とやりとりしながら短い時間で区切ればその時間の速さを求められることや，変化の割合が平均の速さを表していることを，表とグラフを用いて確認していきます。さらに，「地面にぶつかるときの速さはどう求めればいいかな？」と問い，10～11秒の変化の割合を求めればよいことに気付かせ

て，秒速105mを求めます。100m走を1秒かからずに走る速さとわかり，生徒たちは「そんなに速いのか！」と驚きますが，「ぶつかるギリギリの11.3秒ではもっと速いのでは？」というつぶやきを取り上げて，その瞬間の速さを求めてみることにします。ぶつかる直前の11.2～11.3秒の変化の割合から，およそ秒速112.5mであり，時速400kmを超えることがわかると，「速すぎる！」と感嘆の声が上がります。

(5) **現実的な場面との関連に気付かせる**（5分）

そこで，「建設中に部品などを落としてしまったらどうなる？」と問いかけると，「……大変なことになる。下にいる人が危ない！」と生徒は真剣な表情に変わります。空気抵抗があるため実際には速度は落ちるものの，海外では50階から落ちた数百グラムの作業道具が命を奪う事故が起きたこと，東京スカイツリーの建設では様々な工夫によって小さな部品1つも落とさずに無事故で工事を終えたことなどを紹介して，現実的な場面との関連について考えさせます。

(6) **確認問題に取り組ませる**（5分）

ボールを上に向かって投げたときのグラフの概形を提示して，「速さはどのように変わっているか？」と問い，変化の割合の意味を理解しているかを評価します。最後に，学んだことを教科書で確認します。

この授業でのアクティブ・ラーニング

AL①　具体的な事象に関心をもって考える

具体的な事象を取り上げ，求答タイプの決定問題として提示したことによって，生徒は問題に関心をもち，「何秒かな？」「時速何kmくらいだろう？」と，予想したことを主体的に確かめようとする姿が見られました。

AL②　対話的な学びを通して課題を解決する

1秒ごとの速さの変化を調べたり，瞬間の速さを求めたりする際に，生徒同士や教師とのやりとりを通して考え合う様子が見られました。そのことが具体的な事象における変化の割合の意味の理解につながりました。　　　**(角地)**

㉒ 第3学年 相似な図形「相似の意味」

授業づくりのポイント

●比較対象を用意して思考を引き出す

　生徒に思考を促す場合，単に「考えてみよう」と投げかけても「何を？」「どんな答え方をすれば？」という反応になります。そこで有効なのが，比較する対象を意図的に設けることです。この授業では，原寸サイズと50％サイズ，2種類の三角定規の図を提示しました。共通点と相違点を問うことで何を考えるかが明らかとなり，多くの生徒が自分なりに考え始めることができました。また，生徒にとって身近な三角定規を扱うことで，不安を感じさせずに単元の導入を行うことができました。

●例を出し合わせて理解を深める

　知識を学ぶ授業では「教えて終わり」にならないことが大切です。用語は言葉を知るだけでなく，使えるようになることに意味があります。この授業では「相似の定義」についての理解を深めるために，相似な図形の例を出し合わせました。不正解の例も出され，各自が自分の理解度を実感し，他の考えに触れることで不足部分を補うことができました。

授業計画 [21時間扱い]

1．相似な図形	……4時間	（本時は，第1時）
2．三角形の相似条件	……2時間	
3．相似の利用	……2時間	
4．三角形と比	……4時間	
5．平行線と比	……3時間	
6．相似な図形の面積と体積	……5時間	
章の練習	……1時間	

「本時の目標」と「問題」

本時の目標 相似な図形の共通点と相違点を調べる活動を通して，2つの図形が相似であることの定義を理解することができる。

問題

三角定規を縮小コピーした。変わったところと変わらないところを見つけよう。

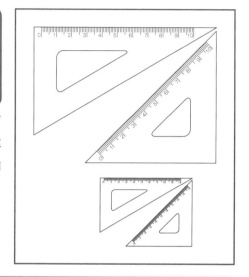

右図のように，実寸サイズでコピーしたもの（上の図）と50%の倍率でコピーしたものを1枚の用紙に印刷して生徒に配付します。

A5サイズに印刷するとB5のノートに貼ったときに収まりがよく，生徒にも好評です。

授業の流れ

(1) 問題を提示して予想させる（8分）

「今日の授業ではノートを見開きに使います」と指示します。単元名を板書してノートに書かせ，用意していたプリントを配付します。配付後に問題文を板書してノートに書かせ，右のページに配付した図を貼らせます。「予想してみよう」と伝えて予想をさせます。「変わったところ」「変わらないところ」をそれぞれ3つずつ挙げるように促します。

(2) 予想を出し合う（8分）

全体に問いかける形で予想を聞いていきます。
主な予想は，次のようになります。

AL①

「変わったところ」	「変わらないところ」
・三角形の大きさ	・形
・辺の長さ	・縦と横の比率（バランス）
・三角形の面積	・角度

　自分の予想になかった考えがあれば，ノートに書き加えさせます。他に「三角定規にある穴の大きさ」「目盛りの間隔」などの考えも出てくるので，それぞれの場合について全体で確認をします。

(3)　**相似の定義を説明する**（16分）

　「みなさんが挙げてくれたことは，相似な図形だから言えたことです。では，相似とはどのような図形なのでしょうか？」と問いかけます。生徒からは「形が同じ図形」や「形が同じで大きさが違うこと」といった声が返ってきます。そこで「形が同じで大きさも等しい２つの図形を何と言いましたか？」と問い返します。「合同」という声が上がります。

　ここで，相似の定義「拡大または縮小して合同になるとき，２つの図形は相似である」ということを板書します。

　定義を確認したあとで90°，60°，30°の三角定規の各頂点にアルファベットをつけて，実寸サイズを△ABC，50%の方を△DEFとします。生徒とやりとりをして，下の　　　部分を埋める形で

　　・△ABCは，△DEFの２倍の拡大図
　　・△DEFは，△ABCの$\frac{1}{2}$の縮図

と板書し，拡大図や縮図について補足します。

(4)　**相似な多角形の表し方を確認する**（8分）

　多角形が互いに合同であることを表す記号について振り返り，相似の場合にも表し方があることを伝えて次のように板書をします。

　　・△ABCと△DEFが相似であること⇔△ABC∽△DEF

　教科書の記述などを使いながら，「∽」（相似）と「＝」（面積が等しい）が両方成り立つときに「≡」（合同）となることを補足します。

(5) 相似な図形を出し合わせて本時の学習を評価する（10分）

「いつも相似だと言える図形にはどのようなものがあるでしょうか？」と発問し，ノートに書かせます。円や正方形などのわかりやすい例を早い段階で1つ取り上げて紹介することで，多くの生徒が例を出せるようになります。考えた例を発表させながら，全体で相似かどうかを1つずつ確かめます。相似にならない例が出た場合にも，定義にもどって生徒に判断させ，その説明によって理解度を評価します。

この授業でのアクティブ・ラーニング

AL① 共通点・相違点を比較する

問題文を「変わったところと変わらないところを見つけよう」としたことで目的が明確になり，一人一人が自分なりに考え始めることができました。「形が同じで大きさが違う」という漠然としたイメージから，「形」のもととなる角の大きさや辺の比，「大きさ」につながる辺の長さや面積へと，生徒の考えが授業の目標である「相似の定義」に近づいていきました。

AL② 既習と関連付けて理解を深める

相似を定義する際に，意図的に合同を振り返りました。合同で学んだことを使って答えられる質問をすることで，生徒が主体的に参加できる場面が生まれました。単元の導入では「まったく新しいことを学ぶわけではない」という安心感を与えることも，大切にしたい視点の1つです。

AL③ 相似な図形の例を出し合い，互いに確かめ合う

相似を定義したあとで，互いに相似になる図形を出し合う活動をさせました。円や正方形などシンプルで相似が成り立つものや楕円やひし形など検討を要するもの，空間図形に目を向ける生徒もいました。早い段階で例を1つ確認することで，多くの生徒が自分の考えに自信をもちながら例を考えることができました。また，全体で考えを伝え合う中で，相似の定義を確認する姿が見られました。

（上村）

㉓ 円「円周角と弧」 [第3学年]

授業づくりのポイント

●既習事項を活用して解決できる問題を提示する

円周角の定理に関連して,タレスの定理や円周角と弧の定理があります。本時は,円周角と弧の関係に着目させて,既習である円周角の定理を根拠として問題を解決できるように12等分された円という特殊な図を題材にしました。

●図のみを提示する

問題提示の場面では,問題文を一度に提示するのではなく,図のみを提示します。図の特徴について確認することや,図をもとに何を考えていくのかについて生徒とやりとりをしながら問題を提示していくことで,主体的な活動を促すことができます。また,集団解決の場面では,線分のみが書かれた図を提示します。自分の考えと比較しながら,図の理由について考え合うきっかけにすることができると考えます。

●授業と関連する宿題を提示する

授業では直接扱わないが,関連する問題を宿題として提示します。この授業では,「15°の角は全部で何種類作れるだろうか？」という宿題を出します。学習した考え方や知識を活用して解決することのできる宿題であるため,授業が終わったあとも熱心に考え続けることが期待できます。

授業計画［9時間扱い］

1. 円周角の定理　　　　　　……5時間（本時は,第5時）
2. 円周角の定理の活用　　　……3時間
章の練習　　　　　　　　　……1時間

「本時の目標」と「問題」

本時の目標 等しい弧に対する円周角が等しいことや円周角と中心角が弧の長さに比例している関係を見いだすことができる。

問題

円Oの円周上に12等分された点がある。
13の点から1点を選び，
他の2点に線分をひいて30°を作ろう。

「1つの円で等しい弧に対する中心角は等しい。等しい弧に対する円周角は等しい」ことや，円周角と弧の長さは比例するなどの性質について，既習である円周角の定理を根拠として，生徒が自ら見いだすことを目標にしました。「30°を作ろう」というシンプルな問題ですが，多くの生徒が中心角や円周角に着目しながら角を作る活動に取り組み，問題を解決することができると考えました。

授業の流れ

(1) 問題を提示し個人思考に取り組ませる（6分）

12等分された円の図のみを提示し，円周が12等分されていることや，1つの点を選択して他の2点を結んで線分を作ることについて確認します。その後，「2つの線分の間が30°になる角を作ろう」と発問し，問題文を板書します。このタイミングで，問題の図が6つ記載されている学習シートを配付し，個人思考に取り組ませます。

(2) 机間指導で生徒の考えを把握する（7分）

机間指導では，「いろいろな30°を作っている人がいるね」と全体に投げかけて，2つ以上の角を作るよう促します。また，次のようなア〜エの4つの考えをしている生徒に，図のかかれた掲示用のプリントとマジックを渡して，事前に線をかかせておきます。

　線分のみがかかれた4つの考えを同時に黒板に示し,「自分と同じ考えと違う考えを確認しよう」と投げかけ,出された4つの考えと自分の考えとを比較させます。

(3) **集団で解決する**(14分)

　「どのように考えて30°を作ったのだろうか?」と問いかけ,挙手をさせてランダムに指名し,アからエの順で考えを説明させていきます。すると,次のような考えが出されます。

　　ア　中心の周りを12等分する。360°÷12 = 30°
　　イ　アと同様の考えになる。アの図を回転させると一致する。
　　ウ　中心角が60°なので円周角の定理から30°になる。
　　エ　線分を延長すればウと同様の考えになる。二等辺三角形を作ると底角の1つが30°になる。

　この場面で,説明が不十分な場合は,複数の生徒に説明させて全員が納得できるように配慮することが大切です。

(4) **関連する問いを提示する**(15分)

　「弧の長さと中心角や円周角には何か関係がありそうだ」と生徒に疑問が生じた様子を見計らって,「30°以外に何度の角を作ることができるだろうか?」と発問し,再び考えさせます。1,2分後に,作ることのできる角度を聞くと,「15°,45°……」などあちこちから声が聞こえます。そこで,順に指名していきます。15°刻みでリズミカルに角度を発表するので,「なぜ,15°刻みになるのか?」と問いかけます。「12等分されている1つの間の弧に対する円周角が15°になるから」という考えが出され,次のような表を完成させます。

弧の数	1	2	3	4	5	6	7	8	9	10
円周角	15°	30°	45°	60°	75°	90°	105°	120°	135°	150°

ここで,「150°より大きい角度は作れますか?」とさらに追究させます。「できる!」という反応があり,「180°,210°……」などの考えが出されます。理由を問うと,「中心角で作れる」という考えが出されます。先ほどと同様に,次のような表を完成させます。

弧の数	1	2	3	4	5	6	7	8	9	10	11
中心角	30°	60°	90°	120°	150°	180°	210°	240°	270°	300°	330°

「これらの表からどんなことが言えるか?」と問うと,「弧と円周角や中心角は比例している」という考えが出され,全員が納得します。

(5) 指導内容を振り返る(8分)

板書をもとに授業を振り返り,「等しい弧に対する円周角や中心角は等しい」「中心角や円周角が弧の長さに比例している」ことを確認します。教科書の練習問題に取り組む様子を評価し,「15°の円周角は何通り作ることができるか?」という宿題を出し,円周角と弧の関係の理解を深めていきます。

AL②

この授業でのアクティブ・ラーニング

AL① 既習事項を活用して説明し合う

集団解決の場面では,中心角や円周角が30°になる理由について考えました。この中で,不十分な説明を補うために,複数の生徒に考えを発表させることを大切にしました。そのため,既習事項である円の性質や円周角の定理を根拠として,言葉や式,図などを用いて説明し合う様子が見られました。

AL② 指導内容を振り返って新たな知識を整理する

授業の終末の場面では,板書に書かれていることを振り返らせながら,右の図を提示して「どんなことが言えそうか?」と問いかけました。生徒の言葉をまとめていくことで,「等しい弧に対する円周角や中心角が等しい」という関係を確認しました。また,教科書を開かせて,定理が成り立つことの証明を確認したり,まとめの部分にアンダーラインを引かせたりして,新たに獲得する知識を整理しました。(菅原)

第3学年 三平方の定理「三平方の定理の逆」

授業づくりのポイント

●生徒の「おや？」「なぜ？」を引き出す問題を作る

　定理について指導する授業は，「事実を伝えて使えるように練習する」という流れになりがちです。しかし，問題を工夫することで，知識を身に付ける際にも「生徒が主体的に取り組める授業」にすることができます。「三平方の定理の逆」を指導するこの授業では，図の中にできる「三角形が直角三角形かどうか」を知る必要のある問題を作りました。生徒の「おや？」「なぜ？」を引き出すことができ，「なるほど」「わかった」につなげることができます。

●よりよい方法に触れ，改善を試みる授業展開にする

　多様な考えや方法は「取り上げて終わり」にしてはいけません。生徒がよりよい考えや方法に気付くだけでなく，実際に使ってそのよさを実感する場面を用意することが大切です。この授業では，問題の解決過程で複数の方法があることを確認し，そのあとで練習問題に取り組ませています。教師が「この方法で解きなさい」と指示を出さなくても，練習問題を解く際には，各自が「わかりやすい」「簡単にできる」「間違いが少ない」などの観点で，自分に合うよりよい方法で解決を試みる姿が見られます。

授業計画［13時間扱い］

　1．三平方の定理　　　　　……3時間
　2．三平方の定理の逆　　　……2時間（本時は，第1時）
　3．三平方の定理の利用　　……4時間
　4．いろいろな問題　　　　……3時間
　章の練習　　　　　　　　……1時間

「本時の目標」と「問題」

本時の目標 三角形が直角三角形になる条件について考え，三平方の定理には逆が成り立つことを理解し，直角三角形を判別することができる。

問題
同じ立地条件で同じ価格のとき，アとイのどちらの建物を購入するか。

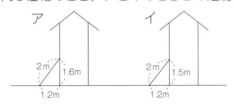

※2mの棒を立て掛けたときの図

違いは，棒の先から（建物に沿った）地面までの長さです。2つを比べて，建物が地面に対して垂直に立っているかどうかに焦点を当てます。これを明らかにするために，三平方の定理の逆が成り立つことが課題になります。

授業の流れ

(1) 問題を提示して題意を確認する（5分）

同じような家の図を2つ並べて板書し，ノートにかかせます。次に「長さ2mの棒を立て掛けてみると……」と説明しながら，棒となる線分を図にかき加え，ア，イそれぞれの三角形の辺に長さを与えます。「同じ条件で同じ価格なら，どちらを購入しますか？」と生徒に尋ねます。「何のことなのだろう？」という雰囲気になりますが，「今日はこれが問題です」と言って問題文を板書し，ノートに書かせます。

(2) 課題を整理してから予想させる（8分）

「アとイとではどこが違っているのだろう？」と聞くと，「1.5mと1.6mのところ」と返ってきます。「この違いはどんなことを表してい

るのでしょうか？」に対して，次のような意見が出されます。
・2つの三角形は相似にならない（形が異なる）。
・片方の家がまっすぐに立っているなら，もう1つはそうならない。
・片方が直角三角形ならもう1つは違う。

出された考えやその理由を確認しながら，「アとイのどちらの場合に直角ができるのか？」が課題となることを確認して予想させます。自分では方法を見つけられず，予想できない生徒もいます。

(3) **予想の理由から直角三角形ができる条件を確認する**（13分）

予想は「ア」か「わからない」が中心になります。アと答えた生徒を中心に理由や方法を聞き，作図している生徒を先に取り上げます。
・1mを1cmとした縮図　・1mを10cmにした縮図
「図をかく以外に方法はないのだろうか？」と聞くと，
・各辺を2乗して，三平方の定理が当てはまるか調べる。
という考えが出されるので，各自で確かめさせます。アの3辺について定理の関係が成り立つことがわかり「アの三角形は直角三角形と言えるでしょうか？」と聞くと「言えそうだ」「言える」という声が上がります。（ここで3：4：5に気付く生徒もいます。）

(4) **問題を解決し，三平方の定理の逆をまとめる**（10分）

生徒の作図を実物投影機で画面に映して直角ができることを確かめます。正解がアであることを確認し，三平方の定理には逆が成り立つことをまとめて板書します。

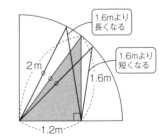

さらに，「イはどちら側に傾くのか？」「棒の先から地面までが1.7mだったら？」と考えさせながら直角になるのは特別な場合であることを確認し，鋭角三角形，鈍角三角形についても考えます。

なお，三平方の定理の逆の証明については，次の時間のはじめに教

科書に書かれている証明を参考にして考えてみることを伝えます。
(5) **使い方を補足する**（7分）
　「もっと簡単な方法で解くことはできないでしょうか？」と聞いて，効率のよい方法を考えさせます。「比を簡単にしてから考える」ことや「3：4：5になるからアが直角三角形だとわかる」といった意見を引き出します。
　さらに，直角三角形ができる整数比として，5：12：13や8：15：17，7：24：25を板書してノートに書かせます。
(6) **練習問題で習熟を図る**（7分）
　教科書や補助教材を使って，3辺の長さから直角三角形かどうかを見分ける練習問題に取り組ませます。解答は生徒に説明させ，必要に応じた補足をします。
　この練習問題への取り組みの中で，三平方の定理の逆を使って判別することができるかどうか，机間指導をしながら評価を行います。

この授業でのアクティブ・ラーニング

AL①　問題に疑問や関心をもつ
　図のア，イについて，生徒は「どこが違うのだろうか？」「違ったらどうなるのか？」と考えます。考えると答えや理由を知りたくなります。「一方が地面に垂直なら他方は斜めになっている」と気付いた生徒はそれを声に出し，聞いた生徒たちは「本当だ，でも，どっちが垂直なのか？」「どうすればわかるのか？」という新たな疑問をもち，問題に入り込んでいきました。

AL②　課題の解決に既習を生かそうとする
　図を正確にかいて解決を図ろうとする生徒がいるのを確認して，「他に方法はないのだろうか？」と問いました。「直角三角形であれば言えること」として，単元名でもある「三平方の定理」が話題となりました。「もしかして」「わかったかも」という声とともに3辺の値を2乗し，$a^2+b^2=c^2$に当てはまるのはアの図であることを確かめました。

（上村）

㉕ 第3学年 三平方の定理「三平方の定理の利用」

授業づくりのポイント

●どのような問題を取り上げるのか検討する

　教科書比較をすると，三平方の定理を空間図形に利用する学習では，直方体の対角線の長さを求める問題がはじめに扱われています。しかし，空間図形の理解が不十分な生徒は，対角線を含む直角三角形を見取図から見いだせないことがあります。そこで，この授業では直方体の表面上にかけるひもの長さを求める問題を取り上げます。見取図だけでなく模型や展開図も用いて考えることができるため，空間図形を苦手とする生徒でも考えやすくなるからです。また，平面図形に帰着して考察することを通して，空間図形への理解を深めることもねらいます。なお，直方体の対角線の長さを求める問題は，次時に扱うことにします。

●正誤タイプの問題を選ぶ

　この問題では，すべての生徒が予想に参加できる問い方として，いくつかのひもをかけた図を提示して「最短のひもはどれか」（選択タイプ），1本のひもをかけた図を提示して「最短だろうか？」（正誤タイプ）のどちらかが考えられます。選択タイプでは，予想が分かれやすく考える必要性は感じやすいものの，正しいひものかけ方を探す面白さが薄れるため，ここでは正誤タイプを選びました。「もっと短いかけ方はあるだろうか？」という課題意識をもたせることによって，主体的な学びができるようにします。

授業計画 [13時間扱い]

1. 三平方の定理　　　　……5時間
2. 三平方の定理の利用　……7時間（本時は，第4時）
章の練習　　　　　　　……1時間

「本時の目標」と「問題」

本時の目標　空間図形の計量の問題を三平方の定理を用いて考察し、解決することができる。

> **問題**
>
> 右の直方体の表面に、頂点Aと頂点Gを結ぶひもをかけ、ひもをできるだけ短くしたい。太郎君は、頂点Cを通るとき、ひもが最短になると考えた。
> 本当にこのひもが最短だろうか。

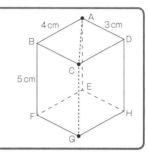

　この授業では、空間図形の計量の問題を平面図形に帰着して考察し、三平方の定理を用いて解決することを目標にしました。

　問題では、図の向きと数値を工夫しました。直方体の見取図は、右のような向きでかかれることが一般的です。こ

の授業では、これとは異なる向きで提示することで、直観的に予想する際に意見が分かれることや、他のひものかけ方を見つけやすくなることを意図しました。また、数値を工夫することで、はじめのひもの長さを求めやすくするとともに、最も意外性のあるひものかけ方が最短の長さになるようにしました。

授業の流れ

(1) 問題を提示し予想させる（5分）

　図を提示して、口頭で問題を説明してから、「本当にこのひもが最短だろうか」と発問して予想させます。見た目では最短に見えることから正しいと予想する生徒もいますが、「もっと短いかけ方がありそうだ」と考えて、正しくないと予想する生徒の方が多くいます。予想の人数を確認して、問題のプリントを配付し、ノートに貼らせます。

(2) **個人思考に取り組ませてから集団で解決する**（10分）

「本当に最短ではないのか確かめよう」と発問して板書し，個人で考える時間を1，2分とり，机間指導で生徒の取り組みの様子を把握します。手が動かない生徒が多い場合には，「展開図をかいて考えているんだね」と生徒の考え方を紹介し，生徒とやりとりしながら右の図を板書して，見取図と展開図を比べながら考えるように促します。

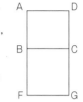

生徒を指名して，展開図にCを通るひもをかかせ，折れ線になることから最短ではないこと，この展開図で最短になるのは線分AGであることを全体で確認して，見取図にも線を引かせてから，線分AGの長さを求めさせます。見取図と展開図では理解できない生徒がいるときは，模型にひもを巻いてイメージをもたせます。生徒とやりとりしながら，△AFGが直角三角形であることから三平方の定理を用いて $AG = 3\sqrt{10}$ を求め，$AC + CG = 5 + 5 = 10$ と比較して，やはり $3\sqrt{10}$ の方が短いことを確認します。その際に，双方を2乗して比べるなど平方根の単元で学習したことを復習しながら解決します。

(3) **課題を提示し，問題を解決させる**（20分）

「もっと短いひものかけ方はないのだろうか」と課題を提示し，もう一度見取図に着目させて可能性を探らせます。すると，「こうかけたらどうだろう？」と右の図のように辺CD上を通るかけ方に気付く生徒が出てきます。そこで，「このひもの長さを求めよう」と発問して，2分ほど個人思考に取り組ませます。最初の

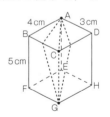

個人思考ではうまく考えられなかった生徒も，先ほどの集団解決を生かし，展開図をかいて三平方の定理を用いようとします。

右の展開図を確認してから，三平方の定理を用いて $AG = 4\sqrt{5}$ を求めます。そして，$3\sqrt{10}$ と $4\sqrt{5}$ の大小を比較させ，$4\sqrt{5}$ の方が短いことを明らかにし

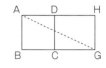

ます。生徒からは,「なるほど,そうだったのか！」と納得する声が上がります。そこで,再度「$4\sqrt{5}$ が本当に最短だろうか？」と問い返します。しばらく考えさせると,もう1つの可能性に気付く生徒が出てきます。右の図のように,見取図に線をかかせて,辺DH上を通るかけ方を全体で確認してから長さを求めさせます。机間指導を行って個人思考の様子を把握し,展開図をかいて三平方の定理を用いて求めることができているか評価します。複数の生徒

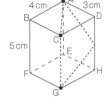

とやりとりしながら$\sqrt{74}$を求め,$4\sqrt{5}$と比較して$\sqrt{74}$が最短であることを明らかにします。そして,空間図形においても,平面図形を見つけて三平方の定理を利用することで問題を解決できることを確認します。

(4) **練習問題に取り組ませ,習熟を図る**（15分）

練習問題として別の直方体を提示し,最短のひものかけ方を考えさせます。個人思考を途中で区切り,見取図へのひものかけ方を全体で確認します。再び個人思考に取り組ませてから展開図を確認し,三平方の定理を利用して最短の長さを求めます。

この授業でのアクティブ・ラーニング

AL① 解決する必要感をもって個人思考に取り組む

見取図では最短に見えるひものかけ方なのに,最短ではないという予想が出ることで,「どちらかはっきりさせたい」という意欲をもって個人思考に取り組む生徒の姿が多く見られました。教師が見取図と展開図を相互に関連付けて考えるように働きかけることで,粘り強く考えることができました。

AL② 課題意識をもって考える

「もっと短いひものかけ方はないだろうか」と可能性を追究する過程で,生徒は本時の学習を通して学んだことを利用して考察することができました。また,課題意識をもって考えることを通して,三平方の定理を利用する方法を主体的に身に付けることができました。

(角地)

【編著者紹介】

相馬　一彦（そうま　かずひこ）
昭和29年生まれ，筑波大学附属中学校教諭を経て，
平成4年から北海道教育大学助教授（旭川校），
平成12年から北海道教育大学教授（旭川校）
＊第1章，第2章執筆

【執筆者紹介】（所属先は執筆時）

上村　康人　　北海道岩見沢市立緑中学校教諭
角地　祐輔　　北海道旭川市立東陽中学校教諭
菅原　大　　　北海道教育大学附属旭川中学校教諭
中本　厚　　　北海道旭川市立神楽中学校教諭
那須はるか　　北海道旭川市立緑が丘中学校教諭
＊第3章執筆

「主体的・対話的で深い学び」を実現する！
数学科「問題解決の授業」ガイドブック

2017年4月初版第1刷刊	Ⓒ編著者　相　馬　一　彦
2018年6月初版第3刷刊	発行者　藤　原　光　政
	発行所　明治図書出版株式会社

http://www.meijitosho.co.jp
（企画）木山麻衣子（校正）（株）東図企画
〒114-0023　東京都北区滝野川7-46-1
振替00160-5-151318　電話03(5907)6702
ご注文窓口　電話03(5907)6668

＊検印省略　　　　組版所　株式会社明昌堂

本書の無断コピーは，著作権・出版権にふれます。ご注意ください。

Printed in Japan　　　　　　　　ISBN978-4-18-247125-4
もれなくクーポンがもらえる！読者アンケートはこちらから →